Erfolgreich motivieren

Erfolgreich motivieren

Mitarbeiterpersönlichkeit und Motivationstechniken

von

David Scheffer und Julius Kuhl

HOGREFE · GÖTTINGEN · BERN · WIEN
TORONTO · SEATTLE · OXFORD · PRAG

Dr. David Scheffer, geb. 1970. 1990-1996 Studium der Psychologie in Osnabrück. 2001 Promotion. Seit 1998 Wissenschaftlicher Mitarbeiter am Lehrstuhl von Ansfried B. Weinert im Fachgebiet Organisationspsychologie und Personalmanagement der Helmut-Schmidt-Universität Hamburg.

Prof. Dr. Julius Kuhl, geb. 1947. 1967-1972 Studium der Psychologie in Bochum. 1976 Promotion. Forschungsaufenthalte in den USA, unter anderem an der University of Michigan und im Center for Advanced Study in the Behavioral Sciences an der Stanford University. 1982 Habilitation. 1982-1986 Leiter der Forschungsgruppe: „Motivation und Entwicklung" am Max-Planck-Institut für psychologische Forschung in München. Seit 1986 Inhaber des Lehrstuhls für Differentielle Psychologie und Persönlichkeitsforschung an der Universität Osnabrück.

Bibliografische Information Der Deutschen Bibliothek

Die Deutsche Bibliothek verzeichnet diese Publikation in der Deutschen Nationalbibliografie; detaillierte bibliografische Daten sind im Internet über http://dnb.ddb.de abrufbar.

© 2006 Hogrefe Verlag GmbH & Co. KG
Göttingen · Bern · Wien · Toronto · Seattle · Oxford · Prag
Rohnsweg 25, 37085 Göttingen

http://www.hogrefe.de
Aktuelle Informationen · Weitere Titel zum Thema · Ergänzende Materialien

Umschlaggrafik: © Royalty-Free / Corbis
Satz: Grafik-Design Fischer, Weimar
Druck: Druckerei Hubert & Co, Göttingen
Printed in Germany
Auf säurefreiem Papier gedruckt

ISBN-10: 3-8017-1779-8
ISBN-13: 978-3-8017-1779-7

*Für Werner Sarges, der die Entstehung diese Bandes
angestoßen und mit vielen erhellenden und ermutigenden
Kommentaren begleitet hat.*

Inhalt

1 Begriff und Konzept der Motivation von Mitarbeitern

Motivierte Mitarbeiter sind in modernen Wissensgesellschaften das wichtigste Kapital von Unternehmen. Nur motivierte Mitarbeiter sind bereit, sich lebenslang Wissen neu anzueignen, effizient anzuwenden und mit anderen zu teilen. Personalverantwortliche beschäftigt daher in zunehmenden Maße die Frage, wie sich die Motivation von Mitarbeitern erhalten und steigern lässt. In diesem Buch werden zu dieser Fragestellung vier Motivations-Typen aus der Motivationsforschung abgeleitet. Es werden vier Motivations-Modelle vorgestellt, die sich in der internationalen Forschung und Managementpraxis als die effektivsten erwiesen haben. Mit diesen Motivationsmodellen lassen sich die vier Motivationstypen optimal erreichen und motivieren. Auf der Basis dieser Modelle werden konkrete Empfehlungen zu Maßnahmen abgeleitet und Methoden für die praktische Umsetzung beschrieben.

Voraussetzung dafür ist die Analyse der Ist-Situation, da je nach Ausgangslage auf eines der vier Motivationsmodelle zurückgegriffen werden kann. Um einen für die Praxis möglichst einfachen und anwendungsnahen Einstieg zu ermöglichen, beschränken wir uns auf die wesentlichen Merkmale der vier Motivationsformen und auf eine diagnostische Methode *(Behavior Expectation Scales)*, mit der Mitarbeiter, Abteilungen und Unternehmen hinsichtlich der Ausprägung der vier Motivationsformen beurteilt werden können.

1.1 Definition des Begriffes

Trotz der unterschiedlichen Erscheinungsformen von Motivation gibt es eine allen Formen gemeinsame Definitionsgrundlage (Bischof, 1985):

Eine allgemeine Definition von Motivation
Motivation ist die Abweichung eines angestrebten Zustandes (Sollwertes) von einem aktuellen Zustand (Istwert). Diese Abweichung gibt dem Verhalten Energie, Richtung und Ausdauer.

Aus der Definition wird deutlich, dass Motivation immer in Bezug zu der aktuellen Situation steht, also eine Analyse des Istwertes am Arbeitsplatz erfordert. Die verschiedenen Motivationstheorien, die im zweiten Kapitel näher vorgestellt werden, unterscheiden sich darin, wie sie die Ist- und Sollwerte definieren und aufeinander beziehen.

Die Sollwerte liegen dabei im Inneren des Individuums; sie sind also „hypothetische Konstrukte", die man nicht direkt beobachten, sondern nur indirekt aus dem motivierten Verhalten erschließen kann. Der Begriff „Motivation" bezieht sich auf den Zustand, der das Verhalten unmittelbar beeinflusst. Motivation liefert die Energie für das Verhalten, die dabei hilft, Barrieren auf dem Weg zum Ziel zu überwinden und Ausdauer auch unter erschwerten Umständen zu zeigen. Motivation hilft dabei, das Verhalten auf ein bestimmtes Ziel oder eine Bedürfnisbefriedigung zu fokussieren, sodass andere Ziele und Bedürfnisse aus dem Bewusstsein ausgeblendet werden. Motivation ist daher selektiv, auch in der Wahl der Mittel auf dem Weg zum Ziel (Handlungsoptionen). Sie ist deshalb auch daran erkennbar, dass nur ganz bestimmte Aspekte der Umwelt, die dem Erreichen des Ziels dienen, wahrgenommen werden. Dementsprechend können wir nur das lernen, was durch den Filter der motivationsgesteuerten Aufmerksamkeit ins Bewusstsein gelangt.

Es ist zunächst wichtig, die verschiedenen Formen der Motivation zu definieren. Die erste Unterscheidung betrifft die Aufgaben- versus Kontextmotivation, die zweite die intrinsische versus extrinsische Motivation. Durch Kombination lassen sich aus diesen zwei Dimensionen vier wohlunterscheidbare Formen der Motivation bilden, die in Tabelle 1 dargestellt sind.

Tabelle 1: Vier Motivationsformen als Funktion des Wahrnehmungs- und Entscheidungsfilters

Bewertungs- bzw. Entscheidungsfilter	Wahrnehmungsfilter	
	Aufgabenmotivation	*Kontextmotivation*
extrinsische Motivation	1.	2.
intrinsische Motivation	3.	4.

Auf der einen Seite lässt sich Motivation nach einem Wahrnehmungsfilter unterscheiden. Nur das, was wir aus der Vielzahl auf uns einströmender Reizinformationen selektiv herausfiltern, kann uns motivieren. Dieses Gesetz, dass unterschiedliche Formen der Motivation sich u. a. an der selektiven Wahrnehmung festmachen lassen, ist bereits von Murray (1938) formuliert worden. Wie wir später noch ausführen werden, achten manche Menschen in ihrer Umwelt stärker auf Aspekte der Macht, andere auf Aspekte der Bindung und Nähe zu anderen, und wieder andere auf Aspekte der Qualität und Leistung. Und diese selektive Wahrnehmung richtet ihre Energie und Ausdauer auf eben diese Inhalte aus.

Wir wollen hier aber zunächst eine noch grundlegendere und unmittelbar arbeitsrelevante Form der selektiven Wahrnehmung voranstellen. Sie ist bereits von Herzberg, Mausner und Snyderman (1967) angedacht und später von Borman (1974) weiterentwickelt worden. Demnach achten manche Menschen vorrangig auf die *Aufgabe* (bspw. die Quantität und Qualität der Produktion einer Maschine), andere dagegen auf das Arbeitsumfeld bzw. den Kontext, in den die Aufgaben eingebettet sind (den gesamten Produktionsprozess bei der Erstellung eines Produkts). Bildlich gesprochen fokussieren manche Menschen also eher das Detail, während andere in die Totale wechseln (und natürlich kann auch beides notwendig sein). Es lässt sich leicht nachvollziehen, dass so eine unterschiedliche Art der Wahrnehmungsausrichtung, die tief in der Persönlichkeit von Menschen verankert ist, unmittelbare Auswirkungen auf die Motivation und das Handeln hat.

Die selektive Wahrnehmung ist aber nur ein Aspekt nach dem sich verschiedene Formen der Motivation unterscheiden lassen. Ein anderer ist nach welcher Art Entscheidungen darüber getroffen werden, ob eine Ist-Situation befriedigend ist oder nicht. Wie
Abbildung 1 entnommen werden kann, ist auch der Aspekt der Entscheidungsfindung
Bestandteil der Motivationsdefinition. Nur wenn wir bei einer Aufgabe oder im Kontext
etwas wahrnehmen, was wir noch nicht voll befriedigend finden, strengen wir uns weiter an, um diese sog. Ist-Soll-Diskrepanz abzubauen! Und wie wir die Ausgangslage
bewerten, hängt von einem Bewertungs- und Entscheidungsfilter ab. Wenn diese Entscheidung bzw. Bewertung einer Situation auf Grund eines von außen vorgegebenen
Zwecks vorgenommen wird, spricht man von extrinsischer Motivation; hängt die Entscheidung dagegen davon ab, ob das lustvolle Erleben von *in der Tätigkeit liegenden
Anreizen* möglich ist, so spricht man von intrinsischer Motivation (Rheinberg, 2004).
Der Bewertungs- bzw. Entscheidungsfilter von Motivation (Erreichen von externen Anreizen wie Geld, Anerkennung usw. oder Verstärkung durch lustvolles Erleben und Lernen bei der Tätigkeit an sich) macht die zweite Dimension unserer Betrachtung von
Motivation in diesem Buch aus – die erste Dimension, die wir näher betrachten werden,
betrifft wie gesagt den Wahrnehmungsfilter.

Die vier zentralen Begriffe dieses Bandes (Aufgaben- vs. Kontextwahrnehmung sowie
extrinsische vs. intrinsische Bewertung von Ergebnissen) werden in Abbildung 1 in die
Motivdefinition (= Ist-Sollwert-Diskrepanz) eingebettet. Wie wir sehen werden, setzt jedes der später vorgestellten Modelle an einem bestimmten Aspekt an und versucht dadurch das Motivationssystem positiv zu beeinflussen. Ob damit dann allerdings nicht
nur die Motivation von Mitarbeitern, sondern auch deren Leistung positiv beeinflusst
wird, hängt auch vom Können der Mitarbeiter ab. Auch diese additive Verknüpfung
zwischen Motivation und Können bei der Leistung wird in Abbildung 1 dargestellt.

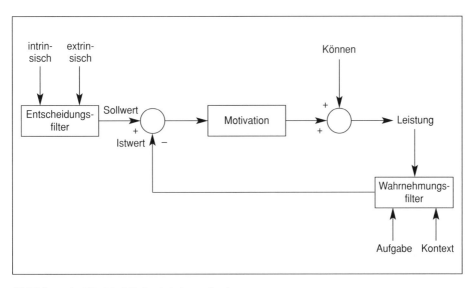

Abbildung 1: Ein Modell der Arbeitsmotivation

Im Zentrum dieses stark vereinfachten Motivationsmodells finden wir den Abgleich zwischen Ist- und Sollwert. Je größer die Differenz zwischen beiden, desto höher ist die Motivation. Die Sollwerte werden extrinsisch auf der Basis von Zielvorgaben oder intrinsisch auf der Basis von persönlichen Werten und Gefühlen definiert. Die Istwerte (bzw. die Ausgangslagen einer Motivation) können aufgaben- oder kontextbezogen wahrgenommen und interpretiert werden. Wer detailliert die Funktionsweise einer Maschine verstehen will, muss dafür notwendigerweise zumindest kurzfristig deren Einbettung in den Produktionsprozess vernachlässigen.

Je nachdem welche Variablen in dem Prozess dominieren, entstehen verschiedene Formen der Motivation (siehe Abbildung 1). Und auch die Art der Leistung hängt von diesen Formen der Motivation ab, wobei hierbei aber natürlich auch das Können eine große Rolle spielt. Wenn man sich klar macht, dass es qualitativ sehr unterschiedliche Arten von Leistung gibt (extrinsisch oder intrinsisch bewertbare; aufgabenbezogene oder kontextbezogene), dann beginnt mit der Leistung ein neuer Wahrnehmungs-Entscheidungszyklus. Wie später noch dargestellt wird, werden die Variablen dieses Systems auch von Persönlichkeitseigenschaften beeinflusst. Für Praktiker ist dies wichtig, um die „Stellschrauben" des Systems richtig anzusprechen.

1.2 Vier Formen der Motivation

Der Motivation vorgelagert ist logischerweise eine selektive Wahrnehmung. Nur wer aus der Vielfalt der auf uns einströmenden Informationen ganz bestimmte herausgreift, kann als motiviert bezeichnet werden (McClelland, 1985). In der Arbeitswelt ist die selektive Betonung von Aufgaben- oder Kontextmerkmalen die entscheidende Wahrnehmungsdimension (Borman, 1974).

Wahrnehmungsfilter bei der Arbeitsmotivation

*Aufgaben*motivation entsteht aus der Fokussierung auf strukturierte Arbeitseinheiten, bei denen es eine konkret definierbare Lösung gibt.

*Kontext*motivation entsteht bei der Ausrichtung auf die Beeinflussung des Aufgabenumfeldes und zwischenmenschlicher Beziehungen.

Borman (1974) und Borman und Motowidlo (1993) haben argumentiert, dass Arbeiten in der Regel weit mehr ist, als Aufgaben zu lösen. Genauso wichtig ist für Organisationen, dass Mitarbeiter sich auch für den Arbeitskontext als Ganzes interessieren. Dieses als „kontextuelle Performanz" bezeichnete Arbeitsverhalten zielt darauf ab, den Arbeitsprozess zu beeinflussen, also beispielsweise Kollegen bei der Arbeit zu helfen und sie positiv zu beeinflussen, sich in Qualitätszirkeln und Gremien zu engagieren usw.

Kontextmotivation muss jedoch nicht automatisch hilfsbereiter sein. Wir fassen Kontextmotivation wertneutral auf: Immer wenn das Arbeitshandeln auf die Beeinflussung des

Aufgabenumfeldes gerichtet ist (wie bspw. auch beim Verkaufen), dann liegt kontextuelle Motivation vor. Ein Manager beispielsweise hat nach dieser Definition zum größten Teil den Auftrag, kontextuelle Motivation zu zeigen. Charakteristisch an der kontextuellen Leistung ist, dass es oft keine klar umrissene Erfolgsstrategie und oft nicht einmal ein eindeutiges Ergebnis gibt, sodass sie sich weniger eindeutig vereinbaren und beurteilen lässt als aufgabenbezogene Leistung (Schmidt, 1993). *Kontextmotivation* zielt auf übergreifende Ziele, die sich nur schwer durch individuumsbezogene Kriterien messen lassen. Beim Chirurgen wäre das beispielsweise die Art und Weise, wie er sein Team vor der Operation organisiert oder wie er sich *nach* der Operation gegenüber den Patienten verhält. Es ist ja denkbar, dass ein mitfühlender Umgang mit den Patienten den Heilungsprozess signifikant unterstützt und dadurch indirekt die Aufgabenerfüllung des Chirurgen fördert. Messen ließe sich diese Kontextmotivation nur schwer, und es ist daher unwahrscheinlich, dass Empathie in absehbarer Zeit zu den vereinbarten Aufträgen von Chirurgen gehören wird.

Logisch notwendig für die Entstehung von Motivation ist neben der selektiven Wahrnehmung eine bestimmte Art der Bewertung von Ist-Zuständen. Letztlich geht es dabei auch um die Entscheidung, ob Energie und Anstrengung notwendig sind oder nicht. Dies betrifft eine der Grundfragen von Praktikern zur Motivation von Mitarbeitern: Lässt sich Motivation durch die Installation von „Incentive Programmen", also beispielsweise Prämien, von repräsentativen Firmenwagen, großzügigen Büros und dergleichen steigern? Manche Autoren haben dem vehement widersprochen (z. B. Sprenger, 1999), was nichtsdestoweniger der Erfahrung vieler Praktiker widerspricht, dass Geld selbstverständlich einen wichtigen Motivator darstellt. Die Lösung dieses Problems ist einfach die, dass Geld und klar definierte Ziele immer dann für die Motivation wichtig sind, wenn die Sollwerte extrinsisch definiert werden, und dass sie sogar Schaden anrichten können, wenn Mitarbeiter ihre Sollwerte intrinsisch bestimmen.

Entscheidungsfilter bei der Motivation
Extrinsische Motivation
Extrinsische Motivation ist auf ein konkretes Ziel oder Ergebnis gerichtet, wie das Ziel, eine Belohnung zu erlangen, oder das Ziel, eine Bestrafung zu vermeiden.
Intrinsische Motivation
Intrinsische Motivation ist darauf gerichtet, in der Handlung selbst Tätigkeitsanreize zu finden.

Bei der *extrinsischen* Motivation orientiert sich die Person an den mit anderen vereinbarten Belohnungen (etwa Anerkennung, Lob, Bezahlung) oder Bestrafungen (z. B. soziale Kritik, Ablehnung oder materielle Einbußen). Bei der intrinsischen Motivation werden dagegen die Anreize genossen, die der Tätigkeit inhärent sind, also beispielsweise der Nervenkitzel beim Felsklettern, die Nähe zu anderen Menschen, der „Aha-Effekt" bei der Lösung eines Problems etc. Die entscheidenden Anreize für intrinsisch motivierte Tätigkeiten scheinen aber allgemein Erkenntnisgewinn, inneres Wachstum, Entwicklung und schrittweises Lernen zu sein (Deci & Ryan, 2000; Elliot & Dweck, 1988; Elliot & Church, 1997).

In Tabelle 2 wird dargestellt, wie aus den beiden beschriebenen Dimensionen, d. h. der Aufgaben- versus Kontextmotivation und der intrinsischen versus extrinsischen Motivation eine Grundlage für vier unterschiedliche Formen der Motivation abgeleitet werden kann. Diese vier Motivationskategorien, die in Tabelle 2 durch ihre wichtigsten Merkmale beschrieben werden, sollen uns das ganze Buch hindurch begleiten. Deshalb wollen wir zunächst bei dieser Tabelle kurz verweilen.

Tabelle 2: Vier Motivationsformen als Funktion des Wahrnehmungs- und Entscheidungsfilters

Bewertungs- bzw. Entscheidungsfilter	Wahrnehmungsfilter	
	Aufgabenmotivation	Kontextmotivation
Extrinsische Motivation	1. Motivation ist ergebnisorientiert	2. Motivation ist wirkungsorientiert
Intrinsische Motivation	3. Motivation ist entwicklungsorientiert	4. Motivation ist integrativ

Alle vier Formen der Motivation sind wichtig. Die Bedeutung jeder einzelnen Motivationsform, hängt auch davon ab, in welcher Arbeitssituation sich ein Mitarbeiter befindet. Führungskräfte können, je nachdem welches Motivationsmodell sie anwenden, die eine oder andere Motivationsform mehr oder weniger stark anregen. Dieses Thema wird im vierten Kapitel ausführlich behandelt. Schon jetzt aber soll ein Beispiel für jede der vier Motivationsformen gegeben werden, um den Einstieg in diese Differenzierung zu erleichtern.

1.2.1 Ergebnisorientierte Motivation

Diese erste (ergebnisorientierte) Form der Motivation entsteht aus der Kombination einer aufgabenbezogenen Wahrnehmung und einer extrinsischen Zielrichtung. Für die ergebnisorientierte Motivation muss eine klar strukturierte und gegliederte Aufgabe vorliegen, die sich gut überschauen lässt. Und sie muss eindeutiges Feedback über richtige bzw. falsche Lösungen liefern. Falsche Lösungen haben bei dieser Form der Motivation nicht selten gravierende Auswirkungen, d. h. ein gewisser Stress und Leistungsdruck wirken sich förderlich aus. Prototypisches Beispiel wäre ein Maschinenbauer, der in die Produktion gerufen wird, weil die von ihm konstruierte Anlage fehlerhaft ist. Auf der einen Seite lastet auf ihm ein gehöriger Druck, die Probleme möglichst rasch zu beheben, auf der anderen Seite kennt er aber die Anlage auch sehr gut und weiß genau, was er zu tun hat.

1.2.2 Wirkungsorientierte Motivation

Die zweite (wirkungsorientierte) Form der Motivation entsteht aus der Kombination einer kontextbezogenen Wahrnehmung und einer extrinsischen Zielsetzung. Hier muss ein zwar klarer aber gleichzeitig weit gefasster Auftrag oder ein Zielkorridor formuliert werden. Auch dabei ist klares Feedback über Erfolg/Misserfolg wichtig, jedoch muss dieses im Vergleich zu der ergebnisorientierten Motivationsform nicht unbedingt sehr zeitnah erfolgen. Prototypisches Beispiel ist der Immobilienmakler, bei dem Provisionen einen Großteil seines Gehalts ausmachen. Zwischen der Akquisition eines Objektes und einer erfolgreichen Weitervermittlung können jedoch mehrere Monate oder gar Jahre liegen. Die Erfolgsquote kann bei dieser wirkungsorientierten Motivationsform sehr vage sein (unter 15 %); dafür muss sich der Erfolg dann aber auch wirklich lohnen.

1.2.3 Entwicklungsorientierte Motivation

Die dritte (entwicklungsorientierte) Form der Motivation entsteht aus der Kombination einer aufgabenbezogenen Wahrnehmung und einer intrinsischen Ausrichtung bei Entscheidungen. Wie bei der ergebnisorientierten Motivationsform muss auch hier die Aufgabe sehr gut durchstrukturiert sein. Das Feedback sollte dabei jedoch nicht im Sinne von falsch/richtig gegeben werden, sondern im Sinne eines persönlich erzielten Lernfortschritts auf der Basis eines gemeinsam vereinbarten und im Konsens beschlossenen Gütemaßstabs. Prototypisches Beispiel ist der Grafikdesigner, der sich dem externen Druck der Kunden zumindest gedanklich entziehen muss, um nach eigenen künstlerischen Qualitätsmaßstäben kreative Produkte zu schaffen, die eine persönliche Weiterentwicklung erkennen lassen.

1.2.4 Integrative Motivation

Die vierte (integrative) Form der Motivation entsteht aus der Kombination einer kontextbezogenen Wahrnehmung und einer intrinsischen Ausrichtung bei der Entscheidung. Wie bei der wirkungsorientierten Motivationsform muss der Auftrag möglichst weit gefasst sein. Beide Formen unterscheiden sich aber hinsichtlich der Bewertungsgrundlage. Während bei der wirkungsorientierten Form ein extrinsischer Maßstab entscheidend ist (bspw. Erfolg/Misserfolg), spielen bei der integrativen Form subjektive Wertmaßstäbe und Gefühle die wichtigere Rolle. Prototypisches Beispiel ist ein Coach, der Kunden auf der Basis eines persönlichen, normorientierten Modells berät. Dies kann beispielsweise eine sehr persönliche Ansicht darüber sein, was einen guten Manager ausmacht.

1.3 Abgrenzung zu ähnlichen Begriffen

Der Begriff der Motivation ist so sehr in die Umgangssprache eingegangen, dass eine Abgrenzung gegenüber benachbarten Konzepten hilfreich sein dürfte.

1.3.1 Motivation und Leistung

Die Abgrenzung der Motivation von den Begriffen der Leistung und der Kompetenz ist schwierig, da diese Begriffe in der Umgangssprache oft deckungsgleich verwendet werden. Wenn die notwendigen Voraussetzungen bzw. Ressourcen vorhanden sind, Motivation in Leistung umzusetzen, erübrigt sich fast schon eine begriffliche Trennung von Motivation und Leistung. Wenn fachliche Kompetenzen, zu der auch Intelligenz und Ausbildung der Mitarbeiter gehört, konstant gehalten werden, und Motivationsbarrieren abgebaut werden, wirkt sich das direkt in einer gesteigerten Leistung aus. Anders formuliert:

> *Leistung = Wollen + Können*

Wenn die Wollensfaktoren (= Motivation) sehr niedrig werden, dann wird die Leistung zwar nicht automatisch auch sehr niedrig, weswegen wir hier eine additive Verknüpfung annehmen (auch in sehr demotivierten Umfeldern wird immer noch eine gewisse Leistung erbracht, wie bspw. beim berüchtigten „Dienst nach Vorschrift"). In manchen Fällen ist sicherlich auch die Annahme einer multiplikativen Verknüpfung sinnvoll (wenn man zu etwas überhaupt keine Lust hat, dann tut man es auch oft nicht). Aber wir wollen hier keine mathematischen Spitzfindigkeiten verbreiten. Fakt ist, dass eine gesteigerte Motivation nicht viel nützen wird, wenn ein Mitarbeiter nicht die notwendigen Kompetenzen hat, um Leistung in der entsprechenden Rolle zu zeigen. Und umgekehrt nützt auch die größte Kompetenz nur wenig, wenn der Antrieb fehlt, diese Leistungsfähigkeit zu realisieren.

1.3.2 Motivation und Zufriedenheit

Die Beziehung zwischen Motivation und Zufriedenheit ist kompliziert. Die Abgrenzung von Motivation und Zufriedenheit ergibt sich aus der oben genannten Definition: Eine Ist-Sollwert-Abweichung impliziert phasenweise eine gewisse Unzufriedenheit, da ja ein angestrebter Zustand nicht dem aktuellen entspricht. Das bedeutet, dass Motivation sowohl auf den Zustand der Zufriedenheit als auch der Unzufriedenheit angewiesen ist. Motivierte Mitarbeiter sind *phasenweise* unzufrieden und zufrieden. Oder anders ausgedrückt: *Ohne Unzufriedenheit keine Motivation!*

Die komplexen Zusammenhänge zwischen Motivation und Zufriedenheit können wir erst im Rahmen einer persönlichkeitspsychologischen Systemarchitektur besser darstellen und verstehen. Dann wird sich zeigen, warum sich ein relativ hohes Ausmaß an Unzufriedenheit im ersten Quadranten in Tabelle 1 sich mit hoher Motivation verträgt, während dauerhafte Zufriedenheit vor allem bei der Motivationsform des vierten Quadranten für hohe Motivation wichtig ist. Die Motivationsformen des zweiten und dritten Quadranten zeichnen sich durch einen starken Wechsel zwischen Zufriedenheit und Unzufriedenheit aus. Einen Überblick gibt Abbildung 2.

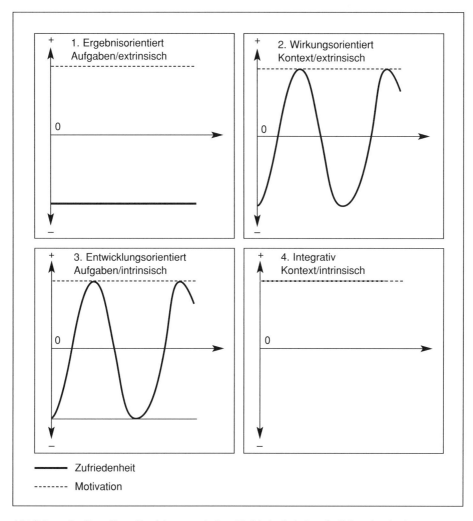

Abbildung 2: Postulierte Beziehung zwischen Zufriedenheit (symbolisiert durch +),
Unzufriedenheit (symbolisiert durch –) und Motivation für vier verschiedene
Motivationsformen

In Abbildung 2 wird deutlich, dass nur bei der integrativen Motivationsform Zufriedenheit und Motivation gleichförmig verlaufen. Bei der wirkungsorientierten und entwicklungsorientierten Motivationsform stimmen Zufriedenheit (durchgezogene Linie) und
Motivation (die gestrichelte Linie im oberen Teil jeden Feldes) phasenweise überein.
Und bei der ergebnisorientierten Motivationsform verlaufen Zufriedenheit und Motivation an gegensätzlichen Polen der Achse „positiv-negativ". Der tiefere Grund hierfür ist,
dass Motivation letztlich von neuropsychologischen Systemen gesteuert wird (vgl. Abschnitt 2.5), die wiederum durch positiven oder negativen Affekt eingeschaltet bzw. aus-
geschaltet werden (Kuhl, 2000).

1.3.3 Motivation und Aktivierung

Wenn man einen Menschen bis zur Erschöpfung große Steine schleppen und anschlie-ßend zertrümmern sieht, wird man auf Grund des enormen Aktivierungsgrades auf eine hohe Motivation der Person schließen. Spielt sich diese Beobachtung jedoch in einem Strafgefangenenlager ab, dann wird deutlich, dass es sich hierbei nicht um Motivation handelt, sondern um Zwang. Motiviertes Verhalten ist freiwillig und damit ein Grund-element freiheitlicher und demokratischer Organisationsformen.

Eine hohe Aktivierung kann aber auch ohne äußeren Zwang entstehen (bspw. bei rasen-der Eifersucht oder trunkener Verliebtheit). Wie wir noch sehen werden, sind Aktivation und Motivation zwei unabhängige Prozesse, die zwar über eine bestimmte Strecke hin-weg hoch miteinander korrelieren aber dennoch sinnvoll voneinander getrennt werden können. Bei zu hoher Aktivierung brechen nämlich die Aspekte der Motivation in sich zusammen, die etwas mit Richtung, Lernbereitschaft und Kompetenz zu tun haben und daher für die Personalpsychologie von Interesse sind. Blinder Bewegungssturm ist da-her ein Beispiel für übermäßig hohe Aktivation, umsichtiges Handeln für hohe Motiva-tion.

2 Motivationsmodelle

Die Motivierung von Mitarbeitern ist eine der wichtigsten Führungsaufgaben. Führungskräfte müssen dabei die in Tabelle 1 dargestellten Motivationskategorien im Blick haben, da alle vier wichtig sind. Um die Mitarbeitermotivation als Ganzes betrachten zu können, sollen die vier Quadranten in diesem Kapitel der Reihe nach behandelt werden. Dazu wird jeweils ein theoretisches Modell vorgestellt, welches auf eine Form der Motivation besonders zugeschnitten ist. Am Ende dieses Kapitels werden die Modelle vor dem Hintergrund einer Persönlichkeitstheorie untersucht. Es ist aus unserer Sicht für die Maßnahmeempfehlungen, die im dritten und vierten Kapitel dargelegt werden, wichtig zu beachten, dass nicht jedes der Modelle für alle Menschen die gleiche Wirkung erzielen kann. Die Differenzielle Psychologie, die sich mit den Unterschieden zwischen Menschen befasst, zeigt, dass verschiedene Persönlichkeitstypen durch unterschiedliche Formen der Motivation besonders ansprechbar sind.

2.1 Vrooms Erwartungstheorie

In diesem Abschnitt wenden wir uns zunächst der Motivationsform des 1. Quadranten zu, die sich durch eine Motivationstheorie von Vroom (1964, 1995) besonders gut verstehen und beeinflussen lässt.

Tabelle 3: Die ergebnisorientierte Motivationsform im Fokus

Bewertungs- bzw. Entscheidungsfilter	Wahrnehmungsfilter	
	Aufgabenmotivation	*Kontextmotivation*
Extrinsische Motivation	1. Motivation ist ergebnisorientiert	2. Motivation ist wirkungsorientiert
Intrinsische Motivation	3. Motivation ist entwicklungsorientiert	4. Motivation ist integrativ

Wie also können Mitarbeiter dazu motiviert werden, sich bezüglich ihrer Aufgabenerfüllung mit anderen zu messen, um sich aus dieser Wettbewerbsorientierung heraus besonders sorgfältig, ausdauernd und ergebnisorientiert zu verhalten? Tabelle 3 legt eine Antwort auf die Frage nahe: Eine Erhöhung der extrinsischen Aufgabenmotivation muss an den Problemen ansetzen, die bei der Bearbeitung von konkreten Aufgaben auftreten (aufgabenorientierter Aspekt) und sie muss den Mitarbeitern verständlich machen, was sie von einer erfolgreichen Aufgabenlösung haben (extrinsischer Aspekt). Die Erwartungs-Theorie von Vroom (1964; 1995) ist für die Modellierung und für die Verstärkung dieser Form der Motivation in besonderem Maße geeignet. Sie beinhaltet drei Konzepte (1) Valenz (= V), (2) Instrumentalität (= I) und (3) Erwartung (= E) (Daher auch der Name Erwartungstheorie).

Die Macht der Erwartungen

Erwartungen sind nicht nur für ein Individuum selbst ein wichtiger Motivations-
Wahrnehmungsfilter. Auch die Erwartungen anderer scheinen die Motivation des
Einzelnen stark zu beeinflussen, wie Livingston (zusammenfassend, 2003) mit seinen klassischen Untersuchungen zu „Pygmalions Gesetz" gezeigt hat. Er konnte
nachweisen, dass Schüler und Mitarbeiter dann motivierter sind, wenn ihre Lehrer
oder Vorgesetzte positive Erwartungen in sie setzen, und dass sie durch negative
Erwartungen auch dann demotiviert werden können, wenn diese gar nicht explizit
ausgesprochen werden.

Für die motivierende Wirkung positiver Erwartungen gelten dabei freilich auch die
Gesetze der Vroomschen Theorie: Sie müssen für die Betroffenen eine hohe Valenz (= Wert) haben und realistisch sein.

Dabei bildet die *Valenz* die Anreiz-Komponente. Interpretiert wurde dieses Konzept sehr vielfältig, z. B. als Wichtigkeit, Attraktivität, Erwünschtheit oder antizipierte Befriedigung von Arbeitsfolgen. Diese Vielfalt an Definitionen der Valenz-Komponente ist unscharf und hat sich empirisch nicht bewährt (s. van Eerde & Thierry, 1996). Die entscheidenden Merkmale der Valenz im Kontext der Erwartungstheorie sind aus unserer Sicht ihre an ein konkretes Ergebnis gebundene Messbarkeit und ihr extrinsischer Charakter. Letzterer beruht darauf, dass es nicht darauf ankommt, ob die Tätigkeit selbst Freude macht, sondern dass das angestrebte Ergebnis positiv valenziert ist (z. B. weil es das von anderen erreichte Ergebnis übertrifft). Klassisches Beispiel ist die Gehaltserhöhung. Diese eingegrenzte Definition unterstreicht den ergebnisorientierten Charakter der Valenz in Vrooms Theorie (1964; 1995).

Mit anderen Worten: Noch ehe eine Arbeitshandlung begonnen wird, interessiert sich die Person mit dieser Art der Motivation für den „Wert" der erwarteten Handlungsfolge (= Valenz). Praktisch bedeutet dies, dass eine extrinsische Aufgabenmotivation nur dann entstehen kann, wenn dieser Wert auch exakt quantifizierbar ist, sei es in Form von monetären Größen oder in Form eines sozialen Vergleichs. Demotivierend wirken umgekehrt besonders für diese Form der Motivation vage, unscharf definierte Karrierepfade, die keinen klaren Wert eines konkreten Arbeitsergebnisses erkennen lassen.

Klare Definitionen sind aber nicht nur für den Aspekt der Valenz wichtig. Auch die Wahrscheinlichkeit, dass eine bestimmte Arbeitshandlung tatsächlich zur Erlangung einer Valenz führt, muss möglichst klar definiert sein. Hier kommen die beiden anderen Komponenten der Erwartungstheorie, „Instrumentalität" und „Erwartung", ins Spiel, die für die alltägliche Motivation eine wohl noch bedeutendere Rolle spielen als der langfristigere Aspekt der Valenz.

Vroom (1964; 1995) definiert *Instrumentalität* als den subjektiv geschätzten Zusammenhang zwischen erbrachter Performanz und ihrer Valenz. Dieser Zusammenhang wird mit dem Ausdruck P → O dargestellt. P steht hierbei für *Performance* (bspw. eine Zielvorgabe erreichen), O steht für *Outcome* (bspw. Beförderung). Je stärker diese Assoziation subjektiv eingeschätzt wird, desto höher ist die Motivation.

Die Instrumentalität bzw. der Schätzwert P → O wird umso genauer, je klarer Performance und Outcome definiert sind. Für die Komponente Performance bedeutet dies, dass es klare Leistungskriterien geben muss. Eine sehr bewährte Methode, Leistungskriterien eindeutig zu definieren, ist das sog. *Management by Objectives,* auf das wir später noch näher eingehen. Bei dieser Methode werden Ziele vereinbart und deren Erreichung objektiv überprüft und mit Leistungsprämien verknüpft. Mitarbeiter können somit relativ exakt schätzen, was eine bestimmte Zielerreichung monetär oder karrieremäßig für sie bedeutet. Für die extrinsische Aufgabenmotivation ist auch dies sehr wichtig.

Die Valenz und die Instrumentalität wirken multiplikativ auf die Motivation ein. Das heißt, dass eine sehr hohe Motivation dann zu erwarten ist, wenn der Outcome sehr attraktiv ist (Lohnerhöhung, Beförderung) und gleichzeitig mit hoher Wahrscheinlichkeit erreicht werden kann (realistische Zielsetzung). Wie sich die beiden Komponenten der Motivation gegenseitig beeinflussen, wird durch das bekannte Sprichwort deutlich: *Lieber den Spatzen in der Hand als die Taube auf dem Dach.* Wenn die Instrumentalität, eine Taube zu jagen, gering ist, weil sie sich auf dem Dach nicht leicht fangen lässt, dann sollte die Motivation auf das Objekt mit der zwar geringeren Valenz aber höheren Instrumentalität gelenkt werden, also auf den Spatzen, der zwar weniger hergibt, sich aber leichter fangen lässt. Weniger attraktive aber realistische Ziele können demnach mehr motivieren als sehr attraktive aber ganz unrealistische. Doch das gilt nur für die ergebnisorientierte Form der Motivation und nicht für die wirkungsorientierte und erst recht nicht für die integrative. Wie wir noch sehen werden, hängt dies auch mit Persönlichkeitsmerkmalen zusammen. Kein Motivationsmodell kann beanspruchen, alle Menschen gleichermaßen gut zu beschreiben bzw. ihr Verhalten vorherzusagen.

Vroom (1964; 1995) hat die Instrumentalität implizit stärker gewichtet als die Valenz. Im Modell wird dies dadurch realisiert, dass neben der Instrumentalität mit der (Ergebnis-)*Erwartung* eine ähnliche Komponente eingeführt wird. Diese bezieht sich auf die subjektive Wahrscheinlichkeit, dass eine gewisse Bemühung zu einem bestimmten Ergebnis führen wird (E → P für Effort-Performance). Bei der Erwartung handelt es sich daher im Grunde um eine *Instrumentalität zweiter Ordnung.* Die Instrumentalität erster Ordnung ist beispielsweise die Erwartung, dass eine gute Leistungsbewertung durch den Vorgesetzten langfristig auch zu einer Beförderung führt. Die Instrumentalität zweiter Ordnung ist die Erwartung, dass verstärkte Anstrengung auch tatsächlich zu einer besseren Leistungsbewertung führt.

Das Vroomsche Modell besagt somit, dass die Motivation eines Menschen eine Funktion ist von der Valenz, die ein Endergebnis für ihn oder sie hat (Beförderung) und von seiner Erwartung, dass als Ergebnis seines Verhaltens ein bestimmtes Resultat erreicht werden wird. Daraus ergibt sich die Formel

Motivation = Valenz × Instrumentalität × Erwartung

Damit liefert dieses Motivationsmodell für die Praxis der Organisationsprozesse sehr konkrete Erklärungen für die Motivation von Mitarbeitern. Auf diese Erklärungen gehen wir später noch ein.

Nach Vrooms Erwartungstheorie würde ein Mitarbeiter motiviert sein, wenn er:

1. eine hohe Wahrscheinlichkeit darin sieht, dass seine persönlichen Bemühungen auch zu hoher Arbeitsleistung führen werden (Erwartung);

2. eine hohe Wahrscheinlichkeit darin sieht, dass gute Arbeitsleistung zu erwünschten Handlungsfolgen und persönlichen Zielen führt (Instrumentalität); und wenn er

3. diese Ziele und Ergebnisse als positiv-attraktiv für sich empfindet (Valenz).

Kommt aber der Mitarbeiter zu dem Schluss, dass beides, hohe und niedrige Arbeitsleistung, zu denselben Ergebnissen führt (Bezahlung oder Beförderung), so wird dies einen Einfluss auf seine Arbeitsleistung haben. Oder konkreter ausgedrückt: Wenn eine dieser drei Bedingungen nicht erfüllt wird, dann ist es eher unwahrscheinlich, dass sich der Mitarbeiter in Richtung auf einen bestimmten Handlungskurs bemüht.

Die Erwartungstheorie von Vroom (1964, 1995) ist eine der dominantesten Motivationstheorien in der Organisations- und Personalpsychologie. Deshalb existiert dazu eine große Anzahl von Forschungsbefunden (vgl. u.a. van Eerde & Thierry, 1996), die das Modell im Großen und Ganzen unterstützen, wenn alle Komponenten messbar sind. Mitarbeitergespräche auf der Basis der Erwartungstheorie, welche Entwicklungs- und Karrierepfade rational durchleuchten, sind für alle Motivationskategorien bedeutsam, ganz besonders aber für die extrinsische Aufgabenmotivation. Es sollte für Mitarbeiter klar erkennbar sein, welche Verhaltensweisen mit hoher Wahrscheinlichkeit belohnt werden und welche nicht. Im folgenden Kasten werden die aus der Erwartungstheorie ableitbaren Grundprinzipien zusammengefasst. Diese Prinzipien werden im vierten Kapitel wieder aufgegriffen und einer weiteren Analyse unterzogen.

Stärkung der ergebnisorientierten Motivation durch die Erwartungstheorie:

1. *Individuelle Valenz berücksichtigen:* Den persönlichen Wert von erfolgreichem Arbeiten mit dem Mitarbeiter klären (Belohnungen quantifizieren, Arbeitsplatzsicherheit bieten, die Wichtigkeit und Bedeutung von erfolgreichen Lösungen für andere bzw. die Organisation klar herausstellen).

2. *Instrumentalität klarstellen:* Eindeutig definieren, wie Erfolg und Valenz aneinander gekoppelt sind (klare Kontingenzen schaffen nach dem Motto „wenn Erfolg bei dem Problem, dann gibt es eine Lohnerhöhung").

3. *Erwartung objektivieren:* Klar benennen, was Erfolg ausmacht; für den Erfolg nötige Ressourcen bereitstellen; Zwischenstände objektiv zurückmelden; Erfolgserlebnisse schaffen.

Die Stärkung der extrinsischen Aufgabenmotivation dient sowohl den Interessen der Mitarbeiter als auch denen der Organisation: Beide Seiten wollen wissen, woran sie sind. Mitarbeiter wollen wissen, was genau ihre Aufgaben beinhalten, wann sie diese mit welchem Gütegrad erfüllt haben und wie sie darauf aufbauend entlohnt, befördert oder abgemahnt werden. Dennoch steht die Erwartungstheorie in einem gewissen Widerspruch zu anderen Modellen der Motivation, die Motivation von anderen Wahrnehmungsfiltern und Zielen abhängig machen. Wir sehen in den Unterschieden zwischen verschiedenen Motivationsmodellen allerdings keinen Widerspruch, der dadurch aufgelöst werden müsste herauszufinden, welches Modell das richtige ist, sondern lediglich verschiedene Motivationsformen, die in unterschiedlichen Situationen relevant sind. Eine zweites Motivationsmodell wurde mit der Zielsetzungstheorie vorgelegt.

2.2 Die Zielsetzungstheorie von Locke und Latham

Auch die Zielsetzungstheorie von Locke und Latham (1990) postuliert, dass quantifizierbare Ziele und damit letztlich *Wettbewerb* für das menschliche Verhalten von richtungweisender Natur sind. Gemeinsamkeiten mit der Erwartungstheorie liegen daher in der Forderung nach einer möglichst hohen Exaktheit bzw. Quantifizierbarkeit bei der Zielbestimmung, die objektive Vergleiche zwischen Personen oder Abteilungen zulässt und so den Wettbewerb und letztlich die Effizienz steigert. Beide Theorien stimmen daher darin überein, dass beispielsweise die Forderung nach „10 % mehr Umsatz" viel wirkungsvoller ist als etwa „tun Sie Ihr Bestes". Außerdem sind sich beide Theorien darin einig, dass auch die Valenz eines Ziels beachtet werden muss. In der inzwischen reichlich vorhandenen Forschung zu Lockes Theorie des Setzens von Zielen ist klar geworden, dass zielgerichtete Bemühung nicht nur eine Funktion der Exaktheit der Zielbestimmung ist, sondern von zwei weiteren Faktoren abhängt: Zielakzeptanz und Commitment. Zielakzeptanz bezieht sich dabei auf den Grad, zu dem eine Person ein Ziel als „ihr eigenes" ansieht (internalisiert); und Zielcommitment macht eine Aussage darüber, in welchem Maße ein Mitarbeiter oder eine Führungskraft persönlich daran interessiert ist und sich dazu innerlich verpflichtet, ein Ziel zu erreichen. Beide Komponenten beziehen sich also auf die Valenz der Folgen von Zielen. Ziele, die unter Berücksichtigung der Mitarbeiterinteressen vereinbart und regelmäßig durch objektives Feedback zurückgemeldet werden, sind also zentraler Bestandteil beider Theorien und haben sich in der Praxis unter der Bezeichnung Management by Objectives durchgesetzt.

Gravierende Unterschiede bestehen zwischen Zielsetzungs- und Erwartungstheorie aber bei einem Aspekt, der *Schwierigkeit des Ziels*. Nach der Zielsetzungstheorie sollen schwierige bzw. herausfordernde Ziele stärker motivieren als einfache oder moderate Ziele. Auch wenn diese schwierigen Ziele natürlich erreichbar sein müssen, ist es doch beeindruckend, was in der Literatur als *schwierig* interpretiert wurde: Klein, Wesson, Hollenbeck und Alge (1999) kamen nach einer Sichtung der empirischen Arbeiten in ihrer Meta-Analyse zu dem Schluss, dass unter *schwierig* eine objektive Wahrscheinlichkeit, das Ziel zu erreichen, von *weniger als 15 %* zu verstehen ist. Das bedeutet, dass 85 % der Versuche, ein herausforderndes Ziel zu erreichen, zumindest im ersten Anlauf misslingen müssen, damit dieses Ziel nach der Zielsetzungstheorie maximal motivierend sein kann! Die Erwartungstheorie empfiehlt dagegen zur Stärkung der Motivation die Erhöhung von Instrumentalität und Erwartung, also die Schaffung von Bedingungen, mit relativ hoher Wahrscheinlichkeit ein Ziel zu erreichen.

Praktisch ausgedrückt heißt das: Nach der Erwartungstheorie müsste eine Durchfallerquote von mehr als 85 % in einem Studienfach die Studenten demotivieren; nach der Zielsetzungstheorie müsste sie die Studenten dagegen zu Spitzenleistungen bewegen. Dieser eklatante Widerspruch muss nicht bedeuten, dass eine der beiden Theorien falsch ist. Er verweist jedoch darauf, dass wir unterschiedliche Formen der Motivation und auch Persönlichkeitsunterschiede bei der Motivation im Auge behalten sollten. Wir postulieren, dass durch herausfordernde Ziele eine ganz bestimmte Form der Motivation angeregt wird, die wir bereits in Tabelle 1 dargestellt haben.

Tabelle 4: Die wirkungsorientierte Motivationsform im Fokus

Bewertungs- bzw. Entscheidungsfilter	Wahrnehmungsfilter	
	Aufgabenmotivation	*Kontextmotivation*
Extrinsische Motivation	1. Motivation ist ergebnisorientiert	2. Motivation ist wirkungsorientiert
Intrinsische Motivation	3. Motivation ist entwicklungsorientiert	4. Motivation ist integrativ

Wir fokussieren also in diesem Abschnitt auf die wirkungsorientierte Form der Motivation. Warum kann man diese Form der Motivation durch herausfordernde Ziele stärken?

Tabelle 4 verdeutlicht noch einmal das Prinzip: Eine Verstärkung der extrinsischen Kontextmotivation muss neben der klaren Bestimmung von externen Anreizen auch die Beeinflussung des Kontexts berücksichtigen. Klein et al. (1999) haben argumentiert, dass sehr herausfordernde Ziele meistens diejenigen sind, die sich am meisten lohnen, weil sich durch sie auch das Umfeld, in das die Zielverfolgung eingebettet ist, verändert. Herausfordernde Ziele setzen viele Anläufe voraus und geben keinerlei Sicherheit, dass letztlich ein erfolgreiches Ergebnis vorliegen wird. Wenn jedoch ein solches Ziel erreicht wird, dann ist es meist auch gleich ein *großer Wurf*. Und genau die Vision eines großen Wurfs ist treibende Kraft hinter dieser Form der Motivation.

Verdeutlichen wir noch einmal die Unterschiede zwischen der Motivation im ersten und zweiten Quadranten anhand folgender Zielvereinbarung an einen Vorgesetzten: *Erreichen Sie mit Ihrer Abteilung im nächsten Jahr 10 % mehr Umsatz.* Ein derart herausforderndes Ziel lässt sich meist nur dann Erreichen, wenn der Gesamtkontext des Arbeitens grundsätzlich verändert wird, indem beispielsweise bei einem Handelsunternehmen ein neues Internetportal aufgebaut wird, durch das die Kunden elektronisch direkt bestellen können. Herausfordernde Ziele implizieren sichtbare Innovationen wenn nicht gar Revolutionen bei der Art und Weise des Arbeitens. Die Implementierung von Innovationen ist in der Regel mit vielen Risiken verbunden. Bei dem neuen Internetportal könnten beispielsweise Großkunden negativ reagieren, weil sie auf ihrer Seite mehr Aufwand befürchten. Eine herausfordernde Zielsetzung regt also dazu an, z. T. völlig neue und dadurch oft riskante Lösungswege zu bestreiten.

Eine weniger herausfordernde Instruktion wie *(erreichen Sie mit Ihrer Abteilung 2,5 % mehr Umsatz)* könnte dagegen beim Vorgesetzten ein anderes, weniger riskantes Vorgehen bewirken. Er würde evtl. versuchen, Kommunikationsabläufe etwas zu straffen, attraktivere Anreizstrukturen für die Außendienstmitarbeiter zu schaffen und überflüssige Kosten zu reduzieren. Keine dieser Maßnahmen würde eine signifikante Veränderung des Arbeitskontextes bedeuten. Die Maßnahmen wären daher kaum mit einem nennenswerten Risiko verbunden, und der Vorgesetzte könnte darauf vertrauen, dass sie sich wie schon in der Vergangenheit bewähren.

Was folgt daraus praktisch? Ein Vorgehen des Managements nach der Zielsetzungstheorie ist angemessener, wenn ein Umfeld durch Turbulenzen geprägt ist, Marktbedingungen sich sehr schnell ändern und der Zwang zu schnellem Wachstum eine auch hohe Risiken in Kauf nehmende unternehmerische Orientierung erzwingt (Baum & Locke, 2004; Hisrich, 1990). In sich nur langsam verändernden Märkten ist dagegen die Erwartungstheorie als Grundlage der Motivierung funktional, da durch sie realistischere Ziele erreicht werden, auch wenn man nicht so stark auf Kontextwirkungen achtet.

Für die Praxis sind drei zentrale Erkenntnisse der Zielsetzungstheorie zur Stärkung der extrinsischen Kontextmotivation relevant (siehe Kasten).

Stärkung der wirkungsorientierten Kontextmotivation durch „Goal Setting":

1. *Spezifische Ziele* (z. B. Quoten, Noten oder genaue Zahlen) sind wirksamer als vage und allgemeine Ziele (z. B. tue dein Bestes).

2. *Schwierige, herausfordernde Ziele* sind wirksamer als relativ leichte und gewöhnliche Ziele. Allerdings müssen solche Ziele letztlich auch erreichbar sein, sonst frustrieren sie nur.

3. *Akzeptierte Ziele*, die durch Beteiligung der Betroffenen an dem Zielgenerierungsprozess erstellt wurden, sind Zielen vorzuziehen, die ohne weitere Diskussion einfach zugewiesen werden. Personen, die an der Erstellung ihrer Ziele selbst mitgearbeitet haben, erreichen höhere Leistungen als solche, denen nur mitgeteilt wird, was ihr Ziel sein soll.

Objektives und rechtzeitiges Feedback über die erzielten Fortschritte im Hinblick auf das Ziel ist unbedingt notwendig – aber noch keine hinreichende Bedingung für einen erfolgreichen Einsatz des Setzens von Zielen. Dabei scheint es zwischen Zielen und Feedback eine wechselseitige Beziehung zu geben: Einerseits hält Feedback den Mitarbeiter „auf Kurs" im Hinblick auf das Erreichen des Zieles; andererseits hilft das Vorhandensein von Zielen dabei, dass das Feedback einen sinnvollen Zusammenhang hat.

Gemeinsam ist der Zielsetzungstheorie und der Erwartungstheorie, dass sie die quantifizierbaren Anreize einer Handlungsfolge für die Motivation besonders stark betonen.

Die beiden nächsten Formen der Motivation (3. und 4. Quadrant) setzen hier einen anderen Fokus. Sie betonen die intrinsischen und damit letztlich subjektiven Anreize, die sich aus der Tätigkeit selbst ergeben (Rheinberg, 2004), oder die eine persönliche Weiterentwicklung ermöglichen (Elliot & Dweck, 1988; Elliot & Church, 1997). Die extrinsischen Anreize werden hierbei entweder außer Acht gelassen oder gar als schädlich interpretiert. Ob die durch extrinsische Vergleiche entstehende Wettbewerbsorientierung tatsächlich die intrinsischen Motivationsformen zerstört, ist heute allerdings stark umstritten (zusammenfassend Rheinberg, 2004). Wir meinen, dass Menschen phasenweise verschiedene Motivationsformen zeigen können und sollten, auch wenn diese sich durchaus in einem bestimmten Augenblick widersprechen können.

2.3 Entwicklung der Aufgabe: Job Design nach Herzberg

Schon auf den ersten Blick unterscheiden sich die intrinsischen Motivationsformen, bei denen es um die subjektive, auf eigene Maßstäbe bezogene Weiterentwicklung geht von den extrinsischen Formen: Sie sind nicht auf Wettbewerb ausgerichtet und wirken daher kontemplativer, gelassener. Manche Forscher behaupten, dass die intrinsischen Motivationsformen zu größerer Leistung befähigen als die extrinsischen; aber auf diesen Punkt kommen wir noch im Rahmen von Meta-Analysen in Kapitel 4.3 zu sprechen.

Die Auseinandersetzung mit intrinsischen Gütemaßstäben wird durch eine stimulierende, dosiert komplexe und zum Lernen anregende Umwelt begünstigt. Zur Grundlagenforschung haben in diesem Gebiet maßgeblich Deci und Ryan (2000) sowie Elliot und Dweck (1988) beigetragen. Ansätze zur praktischen Umsetzung in Unternehmen gehen aber bereits auf Herzberg, Mausner und Snyderman (1967; s. auch Herzberg, 2003) zurück. Auf Grund des steigenden Bildungsniveaus und der Zunahme von Selbstentfaltungswerten nach dem 2. Weltkrieg, gehörte der Anreicherung des Arbeitsplatzes entlang dieser Strukturmerkmale (= Job Design) sogar zu den am meisten fokussierten Interventionsstrategien, wenn es um die Mitarbeitermotivation geht (Weinert, 2004). Hierbei stehen Veränderungen der Aufgabe selbst als Motivatoren im Vordergrund, diese soll anregender und „wachstumsfördernder" getaltet werden.

Tabelle 5: Die entwicklungsorientierte Motivationsform im Fokus

Bewertungs- bzw. Entscheidungsfilter	Wahrnehmungsfilter	
	Aufgabenmotivation	*Kontextmotivation*
Extrinsische Motivation	1. Motivation ist ergebnisorientiert	2. Motivation ist wirkungsorientiert
Intrinsische Motivation	3. Motivation ist entwicklungsorientiert	4. Motivation ist integrativ

Dieser Motivationsansatz reflektiert ein allgemeines Umdenken bezüglich der Frage, wie Arbeit und Aufgaben organisiert, strukturiert und erledigt werden müssen (vgl. hierzu u. a. Griffin, 1991). Der zu Grunde liegende Gedanke besteht darin anzunehmen, dass die vorhandenen Merkmale einer Arbeit die Kreativität anregen sollten. Arbeit wird nicht im Sinne einer konkreten Aufgabe hingenommen, sondern als eine kreative Herausforderung aufgefasst: Auch konkrete Aufgabenstellungen sind dann nur Beispiele, die durchaus abgewandelt werden können, wenn dadurch eine größere Effizienz erzielt werden kann. Die Arbeit selbst sollte verschiedene „psychologische Zustände", wie das Gefühl von Stimulation, Neugier und Herausforderung auslösen (Hackman & Oldham, 1976). Dabei geht es nicht nur um den Einsatz von Kreativität zur besseren Erfüllung konkreter Aufgaben, sondern auch darum, die Kompetenzen der Mitarbeiter mittel- und langfristig zu entwickeln. Der Motivationszustand, der den kreativen und lernorientierten Umgang mit Zielen begünstigt, ist dadurch gekennzeichnet, dass man nicht mit dem Tunnelblick auf ein gutes Ergebnis und die damit verbundene Be- oder Entlohnung fixiert ist, sondern dass man verstärkt auf die positiven Anreizmomente der Tätigkeit achtet. Entwicklungsmotivierte Menschen freuen sich dabei besonders über die kleinen, täglichen Fortschritte, über den immer perfekteren „Schliff", der durch permanentes Verbessern routinierter Abläufe entsteht. Die andere Form der intrinsischen Motivation, auf die wir im nächsten Abschnitt zu sprechen kommen, ist übrigens noch ganzheitlicher in ihrer Arbeitsauffassung, quasi nach dem Motto: „Der Weg ist das Ziel."

Es lassen sich verschiedene Kerndimensionen der Arbeit identifizieren, an denen die Entwicklung der Aufgabe ansetzen sollte:

1. *Anforderungsvielfalt:* unterschiedliche Fähigkeiten und Fertigkeiten können eingesetzt werden

2. *Ganzheitlichkeit:* Mitarbeiter erkennen die Bedeutung und den Stellenwert ihrer Tätigkeit; Feedback ist verhaltensnah und konkret

3. *Autonomie:* Mitarbeiter machen die Erfahrung, einflussreich und bedeutungsvoll zu sein; es wird erwartet, dass sie Verantwortung übernehmen

4. *Sinnhaftigkeit:* individuelle, organisationale und gesellschaftliche Werte stimmen überein

5. *Lern- und Entwicklungsmöglichkeiten:* Qualifikationen werden weiterentwickelt, mentale Flexibilität wird gefördert, es werden Lernziele vereinbart.

Die ersten vier Punkte sind notwendige Bedingungen. Entscheidend ist aber letztlich der Punkt 5, da der Kern von intrinsischer Aufgabenmotivation auf Lernen (*„mastery goals"*) ausgerichtet ist (Elliot & Dweck, 1988). Der Begriff „mastery" ist allerdings etwas missverständlich und darf nicht mit Meisterschaft = Wettbewerb = Sieger assoziiert werden (diese Assoziation stimmt viel mehr für die beiden extrinsischen Formen der Motivation). Gemeint ist damit eher die ursprüngliche Bedeutung des Wortes Meisterschaft, die durch die Gelassenheit langjähriger Berufserfahrung entsteht. Die größere Gelassenheit entwicklungsorientierter Personen heißt jedoch nicht, dass diese keine

Herausforderungen lieben. Personen, deren Motivation auf lernorientierte Ziele ausgerichtet ist, haben an ihre Arbeit ganz bestimmte Ansprüche (Elliot & Church, 1997): Sie wollen so viel wie möglich lernen; die Inhalte der Aufgabe gründlich verstehen; sie wollen, dass ihre Neugier geweckt wird. Eine bessere Beurteilung als andere zu bekommen oder gar andere hinter sich zu lassen, ist dagegen keine Ausrichtung der entwicklungsorientiert Motivierten. Und auch die Verwirklichung riskanter Visionen ist ihre Sache nicht (das wäre der Anreiz für wirkungsorientiert Motivierte).

Meisterschaft bedeutet im Zusammenhang mit der entwicklungsorientierten Motivation also nicht, besser sein zu wollen als andere, sondern persönliche Fortschritte zu machen, mehr zu verstehen und Kompetenzen aufzubauen, selbst wenn diese im Vergleich zu anderen bescheiden sein mögen. Es geht also um die Fortschritte, die auf das eigene Leistungsniveau bezogen sind. Dies ist in der heutigen Schulpädagogik ein immer wichtiger werdendes Konzept, da es Schüler anhand der eigenen Fortschritte und nicht anhand der Rangreihe in der Klasse bewertet (v. Cube, 1995; 2000).

Wie grundlegend das Bedürfnis nach *Mastery* für Menschen ist, hat bereits White (1959) erkannt. Entwicklungspsychologisch lässt sich dieses Bedürfnis an dem unermüdlichen Drang von Kleinkindern ablesen, Objekte (z. B. ein Mobile) zu manipulieren und dadurch zu erkunden. Diese durch Neugier angetriebene Exploration hat für Menschen und andere Lebewesen einen Überlebensvorteil bedeutet und ist deswegen mit intensiven Gefühlen verbunden, die den Anreiz für diese intrinsische Motivationsform darstellen. Weil Exploration aber auch nicht immer ganz ungefährlich ist, gehören zu dieser Motivationsform nicht nur positive Gefühle der Erregung, Neugier und Spannung, sondern auch negative wie Besorgtheit und Furcht. Der schmale Grad zwischen diesen beiden Gefühlsqualitäten ist der eigentliche Antrieb für die intrinsische Aufgabenmotivation. Der amerikanische Forscher Csikszentmihalyi (1990, 1997) hat diesen Gefühlszustand als *Flow* bezeichnet.

Unter „Flow" versteht Csikszentmihalyi einen Zustand höchster Konzentration, in dem einem die Aufgabe leicht und mit Freude, jedoch auch unter voller Anspannung und Konzentration „wie von selbst" von der Hand geht. Weitere Merkmale von Flow sind der Verlust des Zeitgefühls und die Ausblendung aller für die Aufgabe unwichtigen Begleitumstände. Csikszentmihalyi nennt als Beispiel einen Chirurgen in einem Kriegsgebiet, der unter höchster Fokussierung einen Patienten operiert und sich erst nach geglückter Operation von seinem Team berichten lässt, dass währenddessen ein Granateinschlag den halben Operationssaal schwer beschädigte (wovon der Arzt jedoch nichts mitbekam). Flow tritt jedoch keineswegs nur unter solch außergewöhnlichen Umständen oder nur in hochkomplexen Berufsrollen auf. Auch bei Fließbandarbeitern hat Csikszentmihalyi dieses Phänomen beobachten können. Es entspricht dann einem optimalen Rhythmus bei der Arbeit, mit dem auch eine monotone Aufgabe mit höchster Effizienz und Freude ausgeführt wird.

Csikszentmihalyi (1997) analysierte sorgfältig die *Bedingungen* für Flow. Er zeigte, dass Flow dann entstehen kann, wenn sich eine Person bei ihrer Tätigkeit in einem optimalen Anregungszustand befindet, d. h., weder *besorgt* noch *gelangweilt* ist. Zwischen Überforderung und Unterforderung liegt der schmale Grad, den es bei der Arbeit zu finden gilt, um Flow zu erleben.

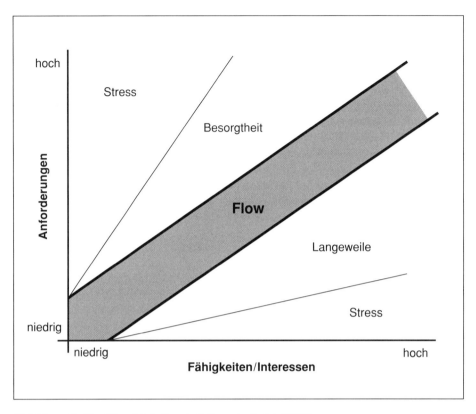

Abbildung 3: Das Flow-Modell nach Csikszentmihalyi (1975)

Tätigkeiten und Jobs, die bei Mitarbeitern zu Langeweile oder zu Besorgtheit (oder bei noch höherer Dosis zu zwei Formen von Stress) führen, lassen Flow nicht aufkommen. Natürlich hängt das auch von den Interessen und Fähigkeiten der Mitarbeiter ab: Je höher die Interessen und Fähigkeiten sind, desto höher müssen auch die Anforderungen durch die Aufgabe sein, um Flowerleben zu ermöglichen. Weniger qualifizierte Mitarbeiter können aber auch Flow erleben, wenn die Anforderungen auf ihre Interessen und Fähigkeiten abgestimmt sind.

Das Ziel der Veränderung des Arbeitsplatzes sollte daher sein, dass hoch qualifizierte Mitarbeiter stimulierende und komplexe Aufgaben bekommen, so dass sie sich nicht langweilen müssen. Weniger qualifizierte Mitarbeiter sollten dagegen Aufgaben bekommen, die nicht zu anspruchsvoll sind und dadurch keine Besorgtheit auslösen. Der Hintergrund dieses Ziels ist, dass sowohl Langeweile als auch Besorgtheit zwei komplementäre Formen von Stress darstellen, die bei längerem Anhalten stark demotivieren. Eine auf die Fähigkeiten zugeschnittene Anreicherung von Aufgaben (= Job Enrichment) und Erweiterung von Aufgaben (= Job Enlargement) stellen damit die wichtigsten Instrumente für die Steigerung der intrinsischen Aufgabenmotivation dar (Herzberg et al., 1967; Hackman & Oldham, 1976).

2.4 Die Equity-Theorie von Adams

Herzberg et al. (1967) haben mit ihrem Zwei-Faktorenansatz der Arbeitszufriedenheit als Erste darauf aufmerksam gemacht, dass es zwischen den Formen der Motivation, die aus der Aufgabe selbst erwachsen und solchen, die als Funktion der Merkmale des Kontexts entstehen, zu unterscheiden gilt. Das wichtigste Postulat von Herzberg und seinen Mitarbeitern war, dass nur die Inhalte der Aufgabe an sich (die so genannten *Motivatoren*) zufrieden machen. Bestimmte Kontextfaktoren machen dagegen unzufrieden, wenn sie negativ sind, jedoch nicht zufrieden, sondern „nur" nicht unzufrieden, wenn sie positiv sind. Herzberg nannte diese Merkmale des Umfelds auch Hygienefaktoren, um darauf zu verweisen, dass Hygiene zwar eine Voraussetzung für Gesundheit ist, jedoch nicht gesund macht. Die folgende Tabelle listet einige wichtige Motivatoren und Kontextfaktoren auf.

Tabelle 6: Motivatoren und Kontextfaktoren nach Herzberg et al. (1967)

Inhalte der Aufgabe (Motivatoren)	Kontextfaktoren
– wecken Interesse – ermöglichen persönlichen Lernfortschritt – geben direktes Feedback – führen zu persönlicher Entfaltung durch die Arbeit	– Unternehmenspolitik – Art der Personalführung – Beziehung zwischen Vorgesetzten, Kollegen und Mitarbeitern – Arbeitsplatzsicherheit

Zufriedenheit im Sinne einer hohen Aufgabenmotivation kann nach Herzberg et al. (1967) dann erwartet werden, wenn die Aufgabeninhalte spannend, anregend, abwechslungsreich, verantwortungsvoll, ganzheitlich, schwierig und komplex sind, sich gleichzeitig aber auch durch Feedback Erfolge und Fortschritte erkennen lassen (s. auch Hackman & Oldham, 1976).

Nach Herzberg et al. (1967) sollen ungünstige Kontextfaktoren, also beispielsweise eine allein auf Machterhalt setzende Unternehmenspolitik, eine autoritäre Personalführung, unpersönliche zwischenmenschliche Beziehungen oder eine hohe physische und psychische Unsicherheit bei der Arbeit Unzufriedenheit auslösen. Herzberg (wie auch Hackman & Oldham, 1976) sind ursprünglich davon ausgegangen, dass nur die Motivatoren Zufriedenheit auslösen und zu höherer Leistung antreiben. Die Rolle der Kontextfaktoren blieb dabei unklar. Eine Folge davon war, dass die Motivation von Mitarbeitern, ungünstige Kontextfaktoren zu verändern, nicht weiter systematisch untersucht wurde.

Diese einseitige Sichtweise hat sich aber in jüngster Zeit verändert. Wir haben bereits die Arbeiten von Borman erwähnt (Borman, 1974; Borman & Motowidlo, 1993), die zeigen, dass eine auf die Verbesserung des Kontextes ausgerichtete Motivation für Organisationen genau so wichtig sein kann wie die Aufgabenmotivation. Neuman und Kickul (1998) sowie Organ (1997) haben mit ihrem Konzept des „Citizenship Behavior" in Organisationen ähnlich argumentiert.

Im Grunde sind diese Gedanken aber schon in einer viel älteren Motivationstheorie im Kern enthalten, mit der wir daher dieses Kapitel überschrieben haben: der „Gleichheitstheorie" bzw. „Equity Theorie" von Adams (1963). Er postuliert, dass Chancengleichheit und Gerechtigkeit innerhalb eines Unternehmens wichtige Anreize von Mitarbeitern sind. Mitarbeiter prüfen nach dieser Theorie fortlaufend, ob das Verhältnis ihres „Input" und „Outcome" mit denjenigen ihnen wichtiger Personen zu vergleichen ist. Zu erwarten ist, dass empfundene „Ungleichheit" eine Veränderung des Arbeitsverhaltens bewirkt und zwar in beide Richtungen der Ungleichheit. Ein Zu-Viel-Bekommen soll genauso zu Verhaltensveränderungen motivieren wie ein Zu-Wenig-Bekommen.

Mitarbeiter wollen in einem Umfeld arbeiten, in dem Geben und Nehmen ausgeglichen sind. In der Gleichheitstheorie von Adams (1963) ist die Definition des verglichenen „Input" und „Outcome" nicht exakt geklärt worden. Wahrscheinlich ist eine exakte Definition auch gar nicht möglich, da auf diesem Feld die unterschiedlichsten „Währungen" gegeneinander ausgetauscht werden. Dies impliziert auch eine intensive Kommunikation als notwendige Voraussetzung für Gleichheit. Denn wann das Geben und Nehmen als ausgeglichen empfunden wird, hängt immer stark an der wechselseitigen Definition des *Wertes* von „Input" und „Outcome". In diesem Zusammenhang sind die Qualität der Personalführung, der Beziehungen zwischen Vorgesetzten und Mitarbeitern und anderer Rahmenbedingungen relevant. Letztlich ist eine zufriedenstellende Balance zwischen gegebenen „Inputs" und empfangenen „Outcomes" eine Frage der im Unternehmen herrschenden Werte und Normen bzw. der *Organisationskultur*, die entsprechend eine große Bedeutung für die Kontextmotivation darstellt (Weinert & Scheffer, 2004).

Die zentrale Bedeutung des subjektiven Empfindens, dass Geben und Nehmen ausgeglichen sind, hat Chasiotis (1995, 1999) unter dem Begriff *Reziprozität* aus entwicklungs- und evolutionspsychologischer Sicht untersucht. Ein ausgewogenes soziales Miteinander ist nur dann möglich, wenn Reziprozität herrscht. Reziprozität wiederum kann nur dann entstehen, wenn alle Individuen ein starkes Bedürfnis nach einer ausgeglichenen Input-Outcome-Balance haben, und wenn diese überprüfbar ist, was meistens nur dann gelingt, wenn sich alle Beteiligten hinreichend gut kennen. Ohne diese beiden Faktoren (Bedürfnis nach Reziprozität und Bekanntheit der „Bilanzen" aller beteiligten Akteure) würden in der Evolution zwangsläufig Individuen die Oberhand gewinnen, die andere ausnutzen.

Das Bedürfnis nach Reziprozität ist freilich zwischen Individuen unterschiedlich stark ausgeprägt, was sich u. a. in unterschiedlichen Antwortmustern bei der *Reziprozitätsskala* zeigt (Chasiotis, 1995).

Reziprozität als Gleichgewicht zwischen Geben und Nehmen:
Was Menschen sagen, die kein Reziprozitätsempfinden haben

- Menschen, die ich nie mehr wiedersehen werde, kann ich ruhig einmal hintergehen.
- Mein Motto lautet: „Jeder ist sich selbst der Nächste."
- Ich erwarte, dass man mir entgegenkommt.

Personen, die solche Fragen bejahen, tendieren dazu, mehr zu nehmen als zu geben. Personen, die diese Fragen verneinen, haben dagegen ein starkes Reziprozitätsbedürfnis. Sie folgen dem Imperativ von Kant, dass man nur das anderen antun sollte, was man auch bei sich selbst als angemessen akzeptieren würde. Eines der wesentlichen Merkmale erfolgreicher Unternehmen ist übrigens ein an diesem ethischen Prinzip orientiertes Verhalten des Managements (Hisrich, 1990). Wo das Management dagegen mit schlechtem Beispiel vorangeht, fehlt nach Herzberg et al. (1967) die Mindestvoraussetzung für Kontextmotivation von Mitarbeitern, was einen Nährboden für destruktive Unzufriedenheit sein kann.

Aber auch Unternehmen, die auf Grund einer sehr hohen Mitarbeiterzahl und/oder Fluktuation stark anonym sind, in denen es keine offene Kommunikationskultur gibt, oder in denen sich viele Individuen mit extrem hohem Egoismus befinden, sind anfällig für das Verschwinden von Kontextmotivation. Über kurz oder lang führt dies dazu, dass die Mitarbeiter vor allem damit beschäftigt sind, sich über die Ungleichheit und Ungerechtigkeit ihrer Input-Outcome-Balance zu beschweren.

Der wichtigste Ansatzpunkt bei der Unterstützung von Kontextmotivation ist daher das Schaffen einer Kultur, in der gemeinsame Werte geteilt werden und sich die Mitarbeiter gegenseitig unterstützen. Wie schon bei den anderen drei Formen der Motivation, tritt hierbei das Problem auf, dass Persönlichkeitsunterschiede angenommen werden müssen, die die persönliche Wichtigkeit von Gleichheit und Reziprozität beschreiben. Wettbewerbsorientierte Mitarbeiter lassen sich durch solch einen Ansatz wahrscheinlich weniger gut motivieren, als Menschen mit einer integrativen Motivation (Wettbewerb und Gleichheit vertragen sich nun mal nicht ohne weiteres).

Als Zwischenfazit lässt sich daher festhalten, dass es falsch sein kann, eine der Motivationstheorien einseitig einzusetzen. Ein Unternehmen braucht in unterschiedlichen Entwicklungsstadien und unter verschiedenen Anforderungssituationen unterschiedliche Persönlichkeitstypen und auf sie speziell zugeschnittene Motivierungsstrategien, um langfristig erfolgreich sein zu können (Schneider, 1987; Schneider, Goldstein & Smith, 1995; Schneider, Smith, Taylor & Fleenor, 1998). Im nächsten Abschnitt soll diese persönlichkeitspsychologische Sicht auf die Motivation systematisiert werden. Praktikern kann dies helfen, die Effektivität von Maßnahmen und Vorgehensweisen zu erhöhen.

2.5 Persönlichkeitspsychologische Grundlagen der Motivation

In diesem Abschnitt werden die bisher vorgestellten Modelle aus persönlichkeitspsychologischer („differenzieller") Sicht eingeordnet. Der Grund hierfür wurde bereits von Hackman und Oldham (1975) verdeutlicht: Alle Motivationsmodelle haben auf verschiedene Persönlichkeiten eine unterschiedliche Wirkung. Die Anreicherung und Erweiterung der Aufgabe wirkt beispielsweise nur dann positiv, wenn die betroffenen Mitarbeiter ein hohes *Wachstumsbedürfnis* haben, also lernbereit und offen für neue Erfahrungen sind.

Auch die anderen Motivationsmodelle wirken nicht gleichermaßen gut für jeden. Eine Meta-Analyse von Judge und Ilies (2002) zeigte beispielsweise, dass das Schwierig-keitsniveau von selbstgesetzten oder akzeptierten Zielen in erheblichem Ausmaß als eine Funktion von Persönlichkeitseigenschaften angesehen werden muss: die Kombination von *geringer* Verträglichkeit und hoher emotionaler Stabilität, Gewissenhaftigkeit, Ex-traversion und Offenheit für neue Erfahrungen koinzidiert in dieser Meta-Analyse deut-lich mit hoher Schwierigkeit der selbstgesetzten bzw. angenommenen Ziele. Mit ande-ren Worten: die Zielsetzungstheorie, deren Kern ja die Vereinbarung schwieriger Ziele ist, kann man nicht mit allen Menschen gleichermaßen erfolgsversprechend durchfüh-ren – man braucht dazu eine robuste und risikobereite „Truppe". Auch Hisrich (1990) ist der Überzeugung, dass man die Steigerung des unternehmerischen Denkens in einer bestehenden Organisation als Motivationsstrategie (→ „Intrapreneuring") nur bei sehr wenigen Mitarbeitern fruchtbar einsetzen kann, da diese ein hohes Maß an Unabhän-gigkeit, Stressresistenz und vor allem Risikobereitschaft voraussetzt.

Nun kann man in einem praxisorientierten Buch über Motivation natürlich nicht einen vollständigen Überblick über die Vielzahl für die Motivation bedeutsamen Persönlich-keitsunterschiede geben (s. zusammenfassend Scheffer & Heckhausen, 2005). In der Praxis der Personalpsychologie hat sich aus der Notwendigkeit, einen raschen Über-blick über die relevantesten Persönlichkeitsunterschiede von Menschen zu bekommen, ein Modell durchgesetzt, das als das „Big Five" Modell bezeichnet wird. Diese „Big Five", die im nächsten Kasten kurz beschrieben sind, stellen das angeborene Grund-temperament des Menschen dar (Angleitner & Ostendorf, 1994). Persönlichkeitsun-terschiede innerhalb dieser „Big Five" sind zum größten Teil genetisch/und oder prä-natal bedingt und lassen sich durch die Umwelt nur unwesentlich verändern (McCrae et al., 2000).

Durch die „Big Five" lassen sich bei der Beobachtung von Menschen fünf Fragen beantworten:

1. Ist die andere Person lebhaft, überzeugend, optimistisch und gesellig *(extra-vertiert)*?

2. Ist die andere Person freundlich, und hält sie sich an soziale Normen *(verträglich)*?

3. Ist die andere Person verlässlich, ordentlich und fleißig *(gewissenhaft)*?

4. Ist die andere Person ausgeglichen, robust und stressresistent *(emotional stabil)*?

5. Ist die andere Person flexibel, phantasievoll und intellektuell *(offen für neue Erfahrungen)*?

Auf der Basis der „Big Five" lassen sich valide Vorhersagen im Bereich des Berufs-lebens treffen (Barrick & Mount, 1991). Und auch für die differenzielle Wirksamkeit von Motivationsmodellen liefern die „Big Five" wertvolle Hinweise, wie die Studie von

Judge und Ilies (2002) gezeigt hat: Für das Motivieren durch Zielvereinbarung (Goal Setting) braucht man eine offene, extravertierte, gewissenhafte, emotional stabile und nicht zu freundliche Mannschaft. Eine Studie von Elliot und Thrash (2002) zeigte, dass eine auf Fehlervermeidung ausgerichtete extrinsische Aufgabenmotivation durch eine *geringe (!)* emotionale Stabilität befördert wird. Nur, was nützt diese Erkenntnis einem Personalverantwortlichen, wenn er nicht neue Leute einstellen, sondern mit den vorhandenen Mitarbeitern arbeiten will? Die „Big Five" lassen sich nachweislich selbst durch starke Umwelteinflüsse nicht verändern (McCrae et al., 2000, S. 175).

Wir werden auf Grund der starken genetischen Determiniertheit der „Big Five" hier ein Persönlichkeitsmodell vorstellen, welches genau so übergreifend und damit überblicksstiftend ist wie das Fünf-Faktoren-Modell, jedoch viel weitreichender direkt an der Arbeitsweise des Gehirns ansetzt und dadurch nicht so einseitig nur die angeborenen Aspekte der Persönlichkeit betont. Die Art und Weise, wie das Gehirn Informationen aufnimmt und verarbeitet, ist dabei nicht nur durch den Einfluss der Gene, sondern auch durch nachfolgende Lernerfahrungen bedingt. Die „Big Five" lassen sich übrigens in dieses Modell leicht integrieren, und wir werden ihnen daher auch immer wieder begegnen. Zusätzlich können wir in dieses Modell aber auch andere wichtige Eigenschaften, die durch das Fünf-Faktoren-Modell unberücksichtigt geblieben sind, einbauen (wie bspw. die mehrfach erwähnte Risikoneigung als persönliche Grundbedingung für die Wirkung der Zielsetzungstheorie; s. Andresen, 1998).

2.5.1 Verstand versus Gefühl

Eine tiefreichende Erklärung individueller Unterschiede, die auch die Motivation beeinflussen, ist schon recht alt und geht auf die fundamentale Unterscheidung von Verstand (= analytisch) und Gefühl (= ganzheitlich) in der antiken Philosophie zurück. Später wurden sie in der Erkenntnistheorie Kants entscheidend weiter entwickelt. Ausgerechnet in der Psychologie jedoch waren die Unterschiede zwischen analytischer und ganzheitlicher Informationsverarbeitung vernachlässigt worden. Dies hat sich inzwischen allerdings geändert. Auch die lange als nicht wissenschaftlich genug geltende gefühlsbetonte intuitive Informationsverarbeitung wurde intensiv beforscht und zunächst etwas abfällig als *natürlich* (im Sinne von naiv und fehlerhaft) später auch etwas wohlwollender als *heuristisch* bezeichnet (Tversky & Kahnemann, 1983), oder auch als *automatisch* (im Sinne von mühelos, Bargh, 1989; Higgins, 1989), *implizit* (McClelland, Koestner & Weinberger, 1989) und *erfahrungsbezogen* (Epstein et al., 1996). Die andere Form der Informationsverarbeitung wurde als *Denken* (Jung, 1964/1968), *intentional* (im Sinne von anstrengend, Bargh, 1989), *explizit* (McClelland, Koestner & Weinberger, 1989) und *analytisch-rational* (Epstein et al., 1996) bezeichnet.

Nicht zuletzt durch die Entwicklung neuronaler Netzwerkmodelle ist das Verständnis ganzheitlich-intuitiver Informationsverarbeitung inzwischen auch in der experimentellen Kognitionspsychologie derart verbessert worden, dass seit einigen Jahren nun auch in dieser Disziplin intuitive Informationsverarbeitung als eigenständige Erkenntnisform akzeptiert und erforscht wird (Schacter, 1987). Ebenso in der Wirtschaftswelt wurde unbewusste Intelligenz („Intuition" bzw. „tacit knowing", Polanyi, 1969) wiederentdeckt. Psychologen wie Simon und kürzlich Kahnemann haben Nobelpreise für den Nachweis bekommen, dass der Mensch nicht ausschließlich „homo oeconomicus" ist, sondern sich in seinen Entscheidungen mindestens genau so stark von Gefühlen wie vom Verstand leiten lässt. Im folgenden Kasten werden die Merkmale der intuitiven und der analytisch-rationalen Informationsverarbeitung gegenübergestellt (s. Epstein et al., 1996, S. 391).

Vergleich zwischen Verstand und Gefühl	
Intuitive Verarbeitung	**Analytische Verarbeitung**
Ganzheitlich	Sequenziell (Schritt für Schritt)
Automatisch, anstrengungslos	Intentional, anstrengend
Affektiv: Lust-Unlust-betont	Logisch: an Ursachen orientiert
Assoziationistische Verbindungen	Logische Verbindungen
Enkodiert Realität in Bildern	Enkodiert Realität in abstrakten Symbolen
Rasche Verarbeitung: an sofortiger Aktion orientiert	Langsamere Verarbeitung: An verzögerter Aktion orientiert
Kontext-spezifische Verarbeitung	Kontext-übergreifende Prinzipien
Erfahrung ist passiv und vorbewusst	Erfahrung ist aktiv, bewusst und kontrolliert
Glauben	Beweisen

Bereits Jung hatte *zwei* verschiedene Formen von Intuition („ganzheitliches Fühlen" und „Intuieren" im Sinne von „um die Ecke" wahrnehmen) und zwei verschiedene Formen von analytischer Intelligenz unterschieden („analytisches Denken" und „geradliniges Empfinden"). Persönlichkeitstypen unterscheiden sich nach Jung darin, dass eine dieser vier Erkenntnisformen dominiert. Die Theorie der Persönlichkeits-System-Interaktionen (PSI-Theorie) basiert ebenfalls auf einer Unterscheidung von *vier* verschiedenen Erkenntnissystemen (Kuhl, 2001). Da die psychische Architektur der PSI-Theorie nicht aus Jungs Typologie abgeleitet, sondern aus der motivationspsychologischen Tradition entwickelt worden war, ergaben sich trotz einigen bemerkenswerten Konvergenzen mit Jungs Theorie einige für die Praxis wichtige Unterschiede: Im Gegensatz zu Jungs Typologie sind die vier Erkenntnissysteme der PSI-Theorie motivations- und handlungstheoretisch konzipiert (Kuhl, 2000). Wenn man sich nicht damit begnügen will, das Erkennen und Erleben zu untersuchen, sondern auch die Motivation und das Handeln, braucht man eine entsprechend andere Architektur der Psyche (wie es Jung am Ende seiner Abhandlung über die Psychologischen Typen auch selbstkritisch bemerkte).

Und genau aus diesem Grund führen wir diese Unterscheidung hier ein: Die experimentelle Psychologie konnte zeigen, dass die intuitive Wahrnehmung der analytischen bei der Beachtung von *Kontextinformation* überlegen ist (Klein, Cosmides, Tooby & Chance, 2002; Kuhl, 2001). Individuelle Unterschiede bei der Präferenz für eine intuitive Wahrnehmung stehen aus diesem Grund in direkter Beziehung zu der Stärke von kontextueller Motivation. Menschen die sich dagegen bei ihrer Wahrnehmung vor allem auf ihre einzelnen Sinne und damit auf das Fassbare, vernünftig Einzuordnende verlassen, erleben eher die aufgabenbezogene Motivation.

Eine gefühlsmäßige Art zu entscheiden stellt eigene Körperwahrnehmungen und die Freude an persönlichen Fortschritten in den Vordergrund; sie ist deshalb entscheidend für alle intrinsischen Formen der Motivation. Der analytische Entscheidungsmodus ist auf die Überprüfung von Zielerreichungsgraden spezialisiert und daher besonders gut für die extrinsischen Motivationsformen geeignet.

2.5.2 Vier kognitive Systeme der Motivation

Die vier Elemente der PSI-Theorie lassen sich unterteilen in zwei Entscheidungs- und zwei Wahrnehmungssysteme. Von diesen wiederum ist je eines analytisch-sequenziell und eines ganzheitlich-intuitiv: Die Entscheidungssysteme sind das *Absichtsgedächtnis* (AG), dessen Erkenntniskomponente mit dem *analytischen Denken* in Jungs Typologie vergleichbar ist (→ Verstand), und das *Extensionsgedächtnis* (EG), das Gemeinsamkeiten mit Jungs ganzheitlichem *Fühlen* und der Selbstwahrnehmung hat (→ Gefühl). Die Wahrnehmungssysteme sind die *Intuitive Verhaltenssteuerung* (IVS), die einige Ähnlichkeiten mit Jungs Funktion des *„Intuierens"* hat (→ Gefühl) und das *Objekterkennungssystem* (OES), die einige Gemeinsamkeiten mit Jungs *„Empfinden"* aufweist (→ Verstand). Im folgenden Kasten werden diese vier Elemente kurz beschrieben.

Vier kognitive Systeme der Motivation
Objekterkennungssystem (bzw. Jungs Empfinden)
Durch das Objekterkennungssystem vollzieht sich die Wahrnehmung über die fünf Sinne und stellt fest, was konkrete, fassbare Wirklichkeit im Hier und Jetzt ist. Menschen, die dieses System oft benutzen, wollen klar umrissene Aufgaben bearbeiten und dabei Fehler vermeiden. Situationen, die diese Menschen motivieren, sind Aufgaben, bei denen richtig und falsch eindeutig feststeht, die man durch den Einsatz des Verstandes lösen kann.
Intuitive Verhaltenssteuerung (bzw. Jungs Intuieren)
Durch die Intuitive Verhaltenssteuerung vollzieht sich die Wahrnehmung als komplexes Beziehungsmuster oder plötzliche Erkenntnis, die eine sofortige Reaktion oder Handlung auslöst. Menschen, die dieses System oft benutzen, wollen rasche Veränderungen und Wechsel. Sie werden durch Situationen motiviert, in denen man ohne langes Nachdenken in einem dynamischen Kontext handeln kann, sie entscheiden aus dem Gefühl heraus.

Absichtsgedächtnis (Denken)

Durch das Absichtsgedächtnis wird das Urteilen logisch, objektiv, abstrakt und kritisch. Es erarbeitet Pläne und Ziele und verhindert, dass diese vorschnell umgesetzt werden. Menschen, die dieses System oft benutzen, wollen Dinge erst gründlich analysieren bevor sie handeln. Sie werden durch Situationen motiviert, in denen sie fortlaufend Feedback erhalten, wie nahe sie der Zielerreichung in einem bestimmten Moment gekommen sind. Sie setzen daher auf ihren Verstand.

Extensionsgedächtnis (Fühlen)

Durch das Extensionsgedächtnis werden in den Urteilsprozess Gefühle und Erfahrungen eingebunden. Diese Gefühls- und Erfahrungslandschaften sind ganzheitlich und lassen sich daher nur schwer in Worte fassen. Menschen, die dieses System oft benutzen, wollen erleben, wie sie durch Erfahrungen innerlich wachsen und differenzierter werden. Sie wollen Dinge als Ganzes begreifen und ein Gefühl für Wahrheit und Sinnhaftigkeit entwickeln. Dabei setzen sie auf ihr Gefühl.

Menschen benutzen diese psychischen Systeme unterschiedlich stark. Neuropsychologisch liegt das daran, dass der Zugang zu diesen Systemen durch Neurotransmitter vermittelt wird. Und die Konzentration dieser Neurotransmitter schwankt zwischen Menschen und auch innerhalb von Menschen je nach genetischen Veranlagungen und Lebensumständen. Abbildung 4 illustriert die ungefähre Lokalisierung dieser neuropsychischen Systeme im Gehirn: Das AG und EG liegen wahrscheinlich im Frontalhirn, das OES und IVS dagegen in hinteren Regionen. AG und OES sind linkshemisphärisch, EG und IVS rechtshemisphärisch lokalisiert.

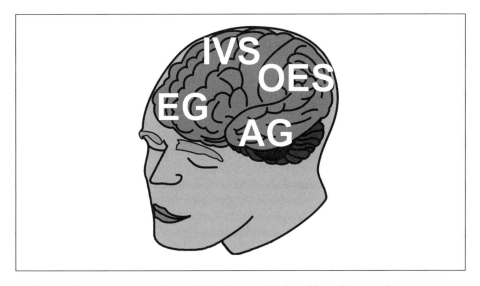

Abbildung 4: Eine approximative Lokalisation von vier kognitiven Systemen im menschlichen Gehirn

Die Art und Weise mit der durch die vier beschriebenen neuropsychologischen Systeme Informationen verarbeitet werden, legen einen engen Zusammenhang mit den vier Formen der Motivation nahe. Tabelle 7 verdeutlicht diesen Zusammenhang zwischen den vier Elementen der PSI-Theorie und dem bereits mehrfach beschriebenen Vierfelder-Schema der Motivation.

Tabelle 7: Motivationskategorien, Arbeitsfunktionen und Systemkonfigurationen

	Aufgaben *Analytische Objekterkennung (OES)*: Konzentration auf das Wesentliche; Ausblenden des Kontextes	**Kontext** *Intuitive Verhaltenssteuerung (IVS)*: Wahrnehmung ist handlungsbetont und auf den Kontext ausgerichtet
Extrinsisch *Analytisches Absichtsgedächtnis (AG)*: Entscheidungen werden auf der Grundlage von Zielen und auf dem Feedback zum derzeitigen Zielerreichungsgrad getroffen	1. Motivation ist genau, konkret, praktisch, ausdauernd, ergebnisorientiert	2. Motivation ist effektiv, visionär, komplex, dynamisch, wirkungsorientiert
Intrinsisch *Intuitives Extensionsgedächtnis (EG)*: Entscheidungen werden auf der Grundlage aller relevanten internen und externen Bedürfnisse und Werte getroffen	3. Motivation ist kreativ, problemlöseorientiert, forschend, auf Lernen aus	4. Motivation ist Sozial-integrativ, flexibel, spontan, auf Kommunikation aus

Wichtigste Voraussetzung für die Aufgabenmotivation ist die Konzentration auf das Wesentliche und dazu muss der dafür störende Arbeitskontext durch das OES ausgeblendet, die Wahrnehmung auf Einzelaspekte der Aufgabe fokussiert werden. Die intuitive Wahrnehmung stellt dagegen den Kontext in das Zentrum der Aufmerksamkeit und ist daher die kognitive Grundvoraussetzung für eine Motivation, die aus dem Kontext heraus entsteht (Borman, 1974). Wenn das OES mit dem Absichtsgedächtnis zusammen arbeitet, dann schließen sich zwei ähnlich funktionierende, verstandesmäßige (linkshemisphärische) Systeme zusammen. Beide sind analytisch-sequenziell.

Durch das AG kommt der extrinsische Aspekt zur Motivation. Das AG ist ein zielbildendes System, d. h. die Motivation ist nicht auf das Erleben von in der Tätigkeit liegenden Anreizen gerichtet, sondern auf Anreize, die außerhalb der Tätigkeit liegen. Diese außerhalb der Tätigkeit liegenden Anreize können wir allgemein als *Ziele* bezeichnen. Ziele sind daher für Menschen mit starker Präferenz für das AG motivatorisch besonders wichtig und Ansätze wie die Erwartungstheorie oder die Zielsetzungstheorie entsprechend wirksam. Selbstverständlich kann das AG auch intrinsische Ziele bilden, d. h. Ziele, die durch attraktiv und als sinnstiftend erlebte Tätigkeiten erreicht werden. Dieser Fall erfordert aber eine besondere Abstimmung zwischen dem Absichtsgedächtnis und dem sinnvermittelnden System (dem EG). Für sich genommen trägt das AG nichts zur intrinsischen Motivation bei, es arbeitet unabhängig davon, ob ein Ziel zu intrinsischen Bedürfnissen passt oder ob es durch Tätigkeiten erreicht werden kann, die für sich schon als attraktiv und motivierend erlebt werden. Wenn man sich ein Ziel bewusst vornimmt (d. h. wenn man es ins AG lädt), wird es zunächst unabhängig davon gebildet, ob die damit verbundene Tätigkeit Spaß macht oder nicht.

Wir können daher das im ersten Kapitel eingeführte Motivationssystem jetzt erweitern:

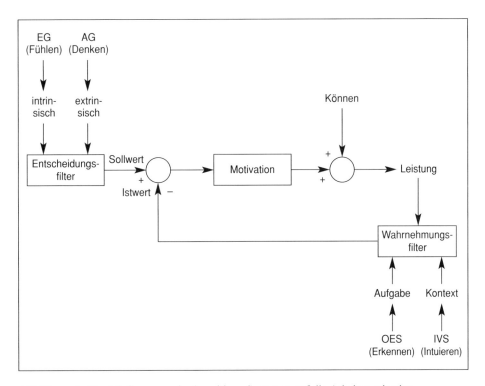

Abbildung 5: Der Einfluss von vier kognitiven Systemen auf die Arbeitsmotivation

Das Extensionsgedächtnis (EG) wirkt sich auf eine gefühlsbasierte, intrinsische Art der Entscheidung aus. Durch das Absichtsgedächtnis (AG) wird die Entscheidung dagegen analytischer, auf extrinsische Ziele ausgerichtet. Durch das Objekterkennungssystem (OES) werden Aufgaben fokussiert. Die durch die intuitive Verhaltenssteuerung vermittelte handlungsbezogene Form der Wahrnehmung führt dagegen dazu, Kontexte in den Vordergrund zu rücken.

Bei der *ergebnisorientierten Motivationsform* (1. Quadrant der Tabelle) nehmen wir eine Kombination aus OES und AG an. Um Ergebnisse zu erzielen, muss man nicht nur das entsprechende Ziel klar vor Augen (genauer: im AG) haben, sondern man muss auf dem Weg zur Zielerreichung auch auf Details achten, besonders auf *Abweichungen* von dem angestrebten Ergebnis. Das Objekterkennungssystem ist auf die Beachtung von Einzelheiten spezialisiert, besonders auf solche, die von der Erwartung abweichen. Menschen, die oft die ergebnisorientierte Motivationsform zeigen, widmen sich einer Aufgabe mit Ausdauer, auch wenn sie sich über lange Zeiträume nicht verändert, sie achten dabei stark auf das Feedback von außen, das ihnen sagt, wie weit es noch bis zur Zielerreichung ist und ob sie Fehler begehen. Diese Art der Motivation ist immer dann entscheidend, wenn der Umgang mit Dingen bei der Arbeit im Vordergrund steht, bei denen Fehler nicht toleriert werden können.

Die *wirkungsorientierte Motivationsform* (2. Quadrant der Tabelle) ist der ergebnisorientierten sehr ähnlich. Auch hier steht die Ausdauer bei der Verfolgung schwieriger Ziele im Vordergrund. Im Unterschied zur ergebnisorientierten Motivation geht es aber nicht in erster Linie um Genauigkeit und Sorgfalt, da die unstimmigkeits- und fehlersensible Funktion des OES hier keine dominante Rolle spielt. Durch die Kombination von AG und IVS ist jedoch eine flexiblere Umsetzung eigener Absichten möglich als bei der ergebnisorientierten Motivation. Die intuitive Verhaltenssteuerung (IVS) ist ein sehr umfassendes intuitives Verhaltenssteuerungssystem, das stark mit positiven Gefühlen verbunden ist. Das bedeutet, dass die wirkungsorientierte Motivationsform in stärkerem Maße als die ergebnisorientierte Motivation davon abhängig ist, dass die Person in positiver Stimmung ist, also von Optimismus oder Leistungsfreude getragen wird. Wirkungsorientierte Personen sind immer dann gefährdet, wenn sie sich zu viele Aufgaben aufladen (lassen) oder wenn sie, aus welchen Gründen auch immer, in eine mutlose Stimmungslage geraten. Wenn sie nicht über die Fähigkeit verfügen, auch in schwierigen Situationen sich selbstständig wieder Mut zu machen (Selbstmotivierung), setzen sie immer weniger von ihren Absichten um, sobald sie zu viele unerledigte Aufgaben vor sich herschieben. Bei der ergebnisorientierten Motivation ist dieses Risiko (der „Willenshemmung") geringer, weil sie bevorzugt auf ein kleineres Spektrum von Verhaltensroutinen zurückgreift, die auch dann ausführbar sind, wenn sie keinen Spaß machen („anreizunabhängige" Verhaltenssteuerung).

Die *entwicklungsorientierte Motivationsform* (3. Quadrant der Tabelle) wird durch die Verbindung von EG und OES optimiert. Das Extensionsgedächtnis (EG) sammelt alle persönlich relevanten Erfahrungen und stellt sie in jeder Lern-, Leistungs- oder Entscheidungssituation simultan zur Verfügung. Da man sich die Vielzahl momentan relevanter Erfahrungen nicht gleichzeitig bewusst machen kann, ist es einsichtig, dass das EG intuitiv arbeitet. Wer in den meisten Alltagssituationen immer wieder eine Vielzahl seiner bisherigen Erfahrungen präsent hat, verfügt natürlich über besonders gute Voraussetzungen zu lernen und sich weiterzuentwickeln. Man kann aus Fehlern nur lernen, wenn man die neuen Erkenntnisse in das Netzwerk bisheriger Erfahrungen einspeisen kann (also nur wenn das EG aktiviert ist). Wer nicht aus dem Überblick (des EG) heraus handelt, macht immer wieder dieselben Fehler. Für den Lernfortschritt in Organisationen ist es aber nicht nur wichtig, dass man das Netzwerk bisheriger Erfahrungen zur Verfügung hat, sondern auch, dass man Abweichungen vom angestrebten Ziel („Fehler") sehr genau registriert (s. Greif & Kluge, 2004). Für diese Aufgabe ist die Objekterkennung (OES) optimiert.

Unter dem Einfluss des Extensionsgedächtnisses (EG) geht es in der durch das OES geprägten Aufgabenmotivation weiterhin darum, durch das konkrete Erleben von *in der Aufgabe liegenden* Anreizen die innere Erfahrungslandschaft auszubauen. Je vielfältiger diese Tätigkeitsanreize mit allen Sinnen erlebt werden können, desto mehr sind sie dazu geeignet „inneren Reichtum" zu schaffen (Comelli & v. Rosenstiel, 2003). Hochspezifische Ziele im Sinne des AG gibt es beim EG nicht; höchstens persönliche Zielkorridore („allgemeine Ziele") im Sinne von Lernzielen bzw. *mastery goals*. Das EG speichert tausende von Erfahrungen, die mit unterschiedlichsten Verhaltensvarianten in sehr vielen verschiedenen Situationen gemacht wurden, einschließlich der in den einzelnen Episoden angetroffenen Ausgangsbedingungen, den ausprobierten Handlungsvarianten und den erlebten Handlungserfolgen mitsamt den durch sie ausgelösten Emotionen (Tulving, 1985), es entscheidet auf Grund von Einzelfällen und damit verbundenen Gefühlen und Bildern. Gefühle sind im EG Navigationshilfen, ohne die eine Suche nach geeigneten Einzelfällen und Handlungsoptionen in dem riesigen Netzwerk potenziell relevanter Erfahrungen sehr langwierig, wenn nicht sogar aussichtslos wäre (Damasio, Tranel & Damasio, 1991).

Die *integrative Motivationsform* (4. Quadrant der Tabelle) wird durch die Kooperation zwischen EG und IVS optimiert. Weil das Extensionsgedächtnis alle persönlich relevanten Erfahrungen berücksichtigt, ist es das einzige Erkenntnissystem, das gleichzeitig positive und negative Erfahrungen, also auch Widersprüche auf den Schirm bringt. Verbindet sich das EG mit dem IVS, dann wird in der Wahrnehmung der Kontext in seiner ganzen Komplexität und Widersprüchlichkeit beachtet und Entscheidungen werden unter Berücksichtigung aller relevanten Bedürfnisse und Werte der Beteiligten getroffen. Diese Entscheidungen brauchen auf Grund der parallelen Verarbeitungsform des EG trotz der umfassenden Berücksichtigung vieler Gesichtspunkte wenig Zeit, sie erfolgen oft spontan und gefühlsbetont, was bei einer sozial-integrativen Motivation sehr hilfreich sein kann. Diese Motivationsform ist auf das Erleben von Anreizen ausgerichtet, die nicht in der Aufgabe allein, sondern vor allem auch im sozialen Kontext liegen. Für den sozialen Kontext ist das EG besonders gut geeignet, weil es im Umgang mit anderen Menschen darauf ankommt, möglichst viele Gesichtspunkte zu berücksichtigen, die Vorlieben und Abneigungen, die Stärken und Schwächen, usw. Konkrete Ziele sind für Personen mit einer solchen Persönlichkeit relativ unwirksam, solange sie von umfassenden Bezügen zu eigenen und fremden Bedürfnisse und Werten, zu sozialen Erwartungen und Normen und zu anderen Kontextmerkmalen getrennt sind.

Motivationstypen
Ergebnisorientierter Motivationstyp
Ergebnisorientierte Personen, die einen besonders leichten Zugang zu ihrem OES und dem AG haben, brauchen sehr klare Vorgaben darüber, was die Ziele des Arbeitshandelns sind, wie sie diese zuverlässig erreichen können und was ihnen das Erreichen der Ziele persönlich bringt. Sie arbeiten auch dann überdurchschnittlich genau und zuverlässig, wenn weder die Tätigkeit noch das Ziel wenig positive Anreize enthält (z. B. bei monotonen oder unattraktiven Arbeiten).
Wirkungsorientierter Motivationstyp
Wirkungsorientierte Personen, die besonders leichten Zugang zu ihrer IVS und dem AG haben, wollen durch herausfordernde Ziele motiviert werden, auch wenn diese Ziele zumindest phasenweise frustrieren müssen, weil sie so schwer zu erreichen sind. Wenn sie nicht selbst über gute Selbstmotivierungsfähigkeiten verfügen, brauchen sie bei schwierigen Arbeiten immer wieder Zuspruch, Ermutigung oder positive Anreize. Ihre hohe Schwierigkeitstoleranz fördert ihre Leistungsstärke und Einsatzbereitschaft – aber sie möchten, dass ihre Leistung auch gut bezahlt wird.
Entwicklungsorientierter Motivationstyp
Entwicklungsorientierte Personen, die besonders leichten Zugang zu ihrem OES und ihrem EG haben, wollen durch interessante Aufgabeninhalte zum Lernen angeregt werden. Sie sind bereit, ausdauernd und hart zu arbeiten, wenn sie durch ihre Tätigkeit stimuliert werden und sich weiterentwickeln können.
Integrativer Motivationstyp
Integrative Personen, die besonders leichten Zugang zu ihrer IVS und ihrem EG haben, mögen keine allzu spezifischen Ziele. Was sie motiviert, ist ein soziales Umfeld, in dem jeder seinen Beitrag zum Gelingen des Ganzen leistet. Da sie selbst durch ihren gefühlsmäßigen Wahrnehmungs- und Entscheidungsstil dabei jedoch leicht den Kurs verlieren, brauchen sie für ihre Motivation ein unterstützendes, mitunter auch stark normatives Umfeld, das ihre Energie kanalisiert.

2.5.3 Die Bedeutung der Persönlichkeit

Kaum jemand bezweifelt, dass Menschen unterschiedlich sind. Trotzdem werden keineswegs immer die aus dieser Binsenweisheit notwendigen Schlussfolgerungen gezogen. Bezogen auf die Motivation von Mitarbeitern bedeuten die allgegenwärtigen Unterschiede zwischen Menschen, dass es nicht ein allgemeingültiges Rezept der Mitarbeitermotivation geben kann. Es gilt, immer auch die individuellen Besonderheiten zu berücksichtigen, wenn ein bestimmtes Motivations-Programm implementiert wird. Natürlich gilt dies auch in anderen Bereichen wie beispielsweise in der Schule. Auch hier wird ja nach dem enttäuschenden Abschneiden deutscher Schulen in den Pisa-Studien allseits von Lehrern gefordert, sich den Schülern individueller zu widmen, also stärker auf die verschiedenen Lern-Fähigkeiten und Lern-Strategien einzugehen.

Mit den vier Motivationstypen haben wir nur eine grob vereinfachte Unterteilung der verschiedenen Formen von Motivation vorgenommen. In Wirklichkeit gibt es sicherlich sehr viel mehr verschiedene Arten, bei der Arbeit motiviert zu sein. Wir denken aber, dass dieses Vierfelderschema einen sinnvollen Einstieg in das umfangreiche Thema einer differenziellen (= die Unterschiede zwischen den Menschen betonende) Betrachtungsweise ermöglicht. Es bietet eine gute Grundlage für in der Praxis oft notwendige feinere Unterscheidungen (Kuhl & Henseler, 2004).

Wichtig ist auch eine wertfreie Herangehensweise an individuelle Unterschiede. Nicht *ein* Motivationstyp ist „optimal" oder gar „moralisch wertvoller". Eine solche Wertung widerspricht im Kern einer differenziellen Perspektive, die ja darauf aufbaut, dass individuelle Unterschiede funktional sind, also einer Anpassungsleistung in der menschlichen Evolution gedient haben und noch immer dienen. In diesem Sinne gibt es keinen optimalen Motivationstyp sondern nur einen an die Anforderungen optimal angepassten. Und da es bekanntlich sehr unterschiedliche Anforderungen im Berufsleben gibt, werden auch alle Formen der Motivation benötigt und sollten entsprechend „maßgeschneidert" gefördert werden.

3 Analyse der Ist-Situation im Unternehmen als Basis für Maßnahmeempfehlungen

In diesem Kapitel wird auf die Modelle des zweiten Kapitels Bezug genommen. Auf der Basis jedes der Modelle werden konkrete Empfehlungen und Handlungsanweisungen für die Analyse des Ist-Zustandes gegeben. Ohne eine Analyse des Ist-Zustandes der Motivation von Mitarbeitern in einer Organisation (→ Diagnostik), können die im vierten Kapitel vorgestellten Motivationsprogramme nicht optimal wirken, ja, sie können im schlimmsten Fall sogar Schaden anrichten. Dies verdeutlicht das folgende, an einem realen Fall angelehnte Beispiel (vgl. Hisrich, 1990).

Anfang der 80er Jahre gerät eines der Pionierunternehmen der Computerbranche in eine existenzielle Krise. Die vom visionären Gründer übernommene Motivationsstrategie, möglichst viele Mitarbeiter zu *Intrapreneuren* also zu ebenso visionären Mitunternehmern zu machen, indem man ihnen möglichst viele Freiheitsgrade lässt und sie mit Unternehmensanteilen bezahlt, schien nicht mehr zu funktionieren. Obwohl das Niveau der wirkungs- und entwicklungsorientierten Motivation extrem hoch und damit durchaus im Sinne des Gründers war, schlug die Einführung neuer Produkte fehl. Anhand der vielen Fehler und Pannen bei der Neueinführung wurde ersichtlich, dass es in dem Unternehmen an ergebnisorientierter Aufgabenmotivation gefehlt hat. Kein Wunder, da klassische Hierarchien und Marketing-Strukturen, die Risiken abmildern, Einzelaspekte analysieren und Fehler vermeiden, verpönt waren. Schließlich musste der Gründer das Unternehmen verlassen.

Was lehrt dieses Beispiel? Immer mehr vom Gleichen führt systemtheoretisch zu einer positiven Rückkopplung, die schließlich in einer Katastrophe enden kann (Bischof, 1985). Wenn bestimmte Motivationsformen bereits sehr stark ausgeprägt sind (wie im vorliegenden Beispiel die wirkungs- und die entwicklungsorientierte Motivation), dann dürfen sie nicht noch weiter gesteigert werden. Sinnvoll ist dagegen, die besonders schwach ausgeprägten Motivationsformen (in diesem Fall die ergebnisorientierte Aufgabenmotivation) durch geeignete Maßnahmen zu stärken. Dazu muss man aber die verschiedenen Motivationsformen differenzieren und getrennt messen können.

In diesem Kapitel geht es um Maßnahmen, die innerhalb eines Arbeitskontextes folgende Fragen beantworten sollen: Wie hoch sind die *verschiedenen Motivationsformen* der Mitarbeiter momentan? Gibt es gravierende Motivationsdefizite bei einer Motivationsform? Gibt es eine Überhitzung bei einer anderen Motivationsform? Welche der vier Formen der Motivation ist für den Erfolg des Teams, der Abteilung, der Organisation besonders wichtig und sollte deswegen sofort oder durch langfristige Programme gezielt gefördert werden?

Wir raten dringend, als erste Maßnahmeempfehlung der *Diagnose* breiten Raum zu gewähren. Erst dann können und sollen die praktischen Umsetzungsmaßnahmen implementiert werden, die wir daher auch erst im vierten Kapitel behandeln. Die Messung des Ist-Zustandes der Motivation ist allerdings komplizierter, als es auf den ersten Blick scheint. Weil aus unserer Sicht gerade bei der Diagnose der aktuellen Motivation erhebliche Fehler gemacht werden können, wollen wir zunächst darstellen, wie die Messung der Motivation *nicht* angegangen werden sollte, und dies in Abschnitt 3.1 auch etwas ausführlicher begründen. Abschnitt 3.1 enthält daher notwendigerweise auch viel aktuellen wissenschaftlichen Disput – die Frage, wie Motivation gemessen werden kann, ist alt und war immer kontrovers. Leser, die an diesen grundlagenbezogenen Kontroversen nicht so sehr interessiert sind, können auch direkt zu Abschnitt 3.2 wechseln.

3.1 Probleme bei der Messung der Motivation von Mitarbeitern

Wie können Personalverantwortliche sich einen Überblick über die Motivation ihrer Mitarbeiter verschaffen? Häufig läuft dieser Prozess informell ab. Der Chef oder die Chefin entwickelt scheinbar ein Gespür dafür, wie es läuft, ob die Kennzahlen des Erfolgs noch stimmen, ob die Fehlzeiten und die Fluktuation konstant bleiben und dergleichen mehr. Diese informellen Beobachtungsprozesse sind ohne Frage ein notwendiger Bestandteil der Diagnose, um die es in diesem Kapitel gehen wird.

Trotzdem ist der informelle Beobachtungsprozess unzureichend, vor allem dann, wenn er in größeren Unternehmen und Abteilungen, oder für den systematischen Vergleich zwischen Abteilungen durchgeführt werden soll. Zwar sind auch hier die subjektive Beurteilung der „Stimmung" im Unternehmen und natürlich betriebswirtschaftliche Leistungskennzahlen ein wertvolles Instrument, aber oft lassen sich die „Stimmung" und auch die Kennzahlen selber zwischen Teams und Abteilungen nur sehr schwer vergleichen, so dass man letztlich darauf angewiesen ist, die Motivation direkt zu messen und damit objektiv vergleichbar zu machen.

Ein klassisches, vielfach verwendetes Instrument zur Messung der Motivation in komplexen Organisationen ist die Mitarbeiterbefragung. Professionell durchgeführt ist dieses Instrument von hohem Wert, insbesondere wenn es normiert ist und dadurch Vergleiche („Benchmarks") mit anderen Unternehmen möglich werden. Dennoch reicht eine Mitarbeiterbefragung alleine nicht für eine valide Messung der Motivation aus. Eine fehlerhafte, nicht umfassende Messung der Motivation kann, wenn sie in das Unternehmen zurückgespiegelt wird, erheblichen Schaden anrichten.

Ein Beispiel: In den Sommermonaten des Jahres 2004 wurde in vielen deutschen Zeitungen und Magazinen die folgende Nachricht verbreitet: Nach einer Studie der Unternehmensberatungsgesellschaft Gallup waren im Jahr 2003 nur 12 % der Arbeitnehmer in Deutschland engagiert und motiviert bei der Arbeit und zufrieden mit ihrem Job (im Jahr 2002 waren es immerhin noch 15 %). Dagegen machen 70 % der Arbeitnehmer nur „Dienst nach Vorschrift" und 18 % haben bereits innerlich gekündigt. Durch die fehlende Motivation am Arbeitsplatz entstehe Deutschland ein jährlicher gesamtwirtschaftlicher Schaden von 247 Milliarden bis 260 Milliarden Euro, heißt es in der Studie von Gallup. Das entspricht in etwa dem gesamten Bundeshaushalt für 2004.

Was ist von einer solchen Studie zu halten? Zunächst vorweg: Die Studie ist interessant und aufschlussreich, da die gestellten Fragen klug und die erfasste Stichprobe mit tausenden Teilnehmern repräsentativ war. Dennoch muss man die *Methode* zur Messung der Motivation sehr kritisch hinterfragen und sich der Folgen solcher Verlautbarungen klar werden: Mittlerweile gilt für andere Unternehmensberatungen wie die Boston Consulting Group das negative Bild, das Deutsche von sich selbst zeichnen, und das bereitwillig von den Medien aufgenommen wird, als der entscheidende Standortnachteil Deutschlands. Insofern könnte es sich bei der Untersuchung von Gallup um einen der Fälle handeln, wo durch die Untersuchung der Motivation diese selbst negativ beeinflusst wird, weil immer düsterere Erwartungen bezüglich des Engagements deutscher Arbeitnehmer natürlich Folgen für das Investitionsklima und das Vertrauen in den Standort Deutschland haben.

Methodisch gesehen, sind die von Gallup verwendeten Fragen (wie ganz allgemein die in Mitarbeiterbefragungen) in zweierlei Hinsicht kritisch einzuschätzen (siehe Buckingham & Curt, 1999, S. 21–22):

1. Die in Mitarbeiterbefragungen eingesetzten Fragen erfassen in der Regel die bewussten *Einstellungen* zur Arbeit, zu den Mitarbeitern und zur Organisation. Bewusste Einstellungen spiegeln aber nicht die Motivation als Ganzes wider, sondern nur einen kognitiven, kulturell überformten Aspekt der Motivation (McClelland, 1985).
2. Die in Mitarbeiterbefragungen eingesetzten Fragen erfassen in der Regel selbst bei den Einstellungen nur einen bestimmten Aspekt des Spektrums der Motivation.

So fällt bei den von Gallup verwendeten Fragen auf, dass sich überproportional viele auf das soziale Umfeld beziehen (z. B. „Interessiert sich mein/e Vorgesetzte/r oder eine andere Person bei der Arbeit für mich als Mensch?" Oder: „Habe ich den Eindruck, dass bei der Arbeit meine Meinung und Vorstellungen zählen?"). Die Fragen erfassen daher vor allem die sozial-integrative Motivation (den vierten Quadranten unseres Vierfelderschemas). Zumindest zwei der 12 Fragen sind auf die Möglichkeit, zu lernen und sich zu entwickeln, ausgerichtet (→ entwicklungsorientierte Motivation). Es wird aber nicht nach herausfordernden Zielen gefragt, auch nicht nach kommunizierten Visionen oder einer unternehmerischen Orientierung der Mitarbeiter, so dass die wirkungsorientierte Motivation wahrscheinlich gar nicht gemessen wurde. Und auch der Aspekt der Valenz und der Instrumentalität erster Ordnung wurden nicht erfragt, so dass die ergebnisorientierte Motivation in der Messung zumindest unterrepräsentiert war.

Man muss daher kritisch feststellen, dass die Motivationsmessung von Gallup höchstwahrscheinlich ungenau und unvollständig war. Wenn schon die Methode der Mitarbeiterbefragung gewählt wird, dann muss zumindest der Fragenkatalog die ganze Bandbreite der Motivation abdecken. Und auch wenn man das in diesem Buch gewählte Motivationsmodell nicht zu Grunde legt, ein Blick auf die vier international bedeutendsten Motivationsmodelle hätte genügt, um zu wissen, dass Motivation ein mehrdimensionales Phänomen ist. Um es einmal provokativ zuzuspitzen: Schneiden die Deutschen in der Untersuchung im internationalen Vergleich vielleicht auch deswegen so schlecht ab, weil sie traditionell eher zu Effizienz und Effektivität sozialisiert werden (also extrinsische Motivationsformen schätzen), die in der Befragung gar nicht Gegenstand der Messung waren?

Aber der Einwand gegen die von Gallup gewählte Methode der Mitarbeiterbefragung zielt, wie erwähnt, tiefer: Befragungen reichen zur Messung von Motivation grundsätzlich nicht aus, weil der Grad der Motivation einer Person nicht bewusst zugänglich sein muss, – ein Phänomen, das seit den Anfängen der Motivationsforschung klar erkannt und benannt worden ist (Heckhausen & Heckhausen, 2005; McClelland, Koestner & Weinberger, 1989; Murray, 1938). Der folgende Abschnitt informiert kurz über die Gründe, warum Motivation nicht immer bewusst beschreibbar ist.

3.1.1 Warum Motivation zum Teil implizit (unbewusst) ist

Motivation haben wir im ersten Kapitel als Ist-Sollwert-Abweichung definiert. Die scheinbare Einfachheit dieser Definition verdeckt die Probleme, die bei der eindeutigen Messung von Ist- und Sollwerten auftauchen. Seine Motivation selbst einzuschätzen, ist offenbar nur bedingt möglich, worauf Sozialpsychologen (Nisbett & Wilson, 1977) und Motivationsforscher (McClelland, Koestner & Weinberger, 1989) wiederholt hingewiesen haben: Mit Fragebögen kommt man nicht an alle Aspekte der Motivation von Mitarbeitern heran. Man braucht auch sog. nicht-respondente, implizite Verfahren, die Motivation indirekt erfassen (Sarges, 2003). Obwohl einige Menschen ihre unbewusste Motivation recht realistisch einschätzen können, haben andere ganz unrealistische Vorstellungen von ihrer eigenen Motivation.

Woran liegt das? Eine mögliche Antwort finden wir in einem klassischen Feldexperiment von Atkinson und McClelland (1948). Sie wählten dabei bewusst eine sehr elementare Motivation, und zwar „Hunger". Den Istwert für Hunger, nämlich die Dauer des Nahrungsentzugs, konnten sie exakt messen, da sie mit Matrosen arbeiteten, von denen man auf Grund ihrer Kasernierung und einem Schichtplan genau sagen konnte, wie viel Stunden sie nichts mehr gegessen hatten. Sie ließen Matrosen nach einer Fastenperiode, deren Länge je nach Dauer des Einsatzes zwischen einer Stunde und 16 Stunden schwankte, ein implizites Motivmaß (den Thematischen Apperzeptionstest TAT von Murray, 1991; Erklärung siehe Kasten) und ein bewusstes Motivationsmaß (einen Fragebogen) ausfüllen. Es zeigte sich, dass nur im impliziten Motivmaß (TAT) nahrungsbezogene Inhalte linear mit zunehmender Fastendauer zunahmen. Im Fragebogen zeigte sich dagegen ein umgekehrt U-förmiger Zusammenhang. Die bewusste Selbsteinschätzung des eigenen Hungers stieg mit zunehmendem Nahrungsentzug zunächst an, fiel dann jedoch wieder ab. Nach einem ungewöhnlich langen Nahrungsentzug von 16 Stunden dachten die Matrosen offenbar nicht mehr so stark bewusst an den Hunger. Das Bedürfnis nach Nahrungsaufnahme war jedoch objektiv weiter gewachsen, was sich nur im impliziten Motivmaß (dem TAT) offenbarte.

Der Thematische Apperzeptionstest (TAT)

Mit Hilfe des TAT werden systematisch implizite Bedürfnisse gemessen, indem Teilnehmer zu mehrdeutigen Szenen Fantasiegeschichten schreiben, die dann durch wohldefinierte Auswertungsschlüssel auf darin vorkommende Bedürfnisse hin kodiert werden. Dieser Messansatz beruht auf der Idee, dass Motive sich am klarsten durch selektive Wahrnehmungstendenzen erkennen lassen. Wer beispielsweise ein sehr ausgeprägtes Machtmotiv hat, wird Situationen vor allem vor dem Hintergrund von Hierarchie (bzw. Über-/Unterordnung) interpretieren. Hoch Bindungsmotivierte sehen genau die selben bildlich dargestellen Situationen dagegen vor dem Hintergrund vorhandener oder nicht vorhandener Sympathie, Harmonie und Nähe. Leistungsmotivierte schließlich interpretieren diese Situationen gar nicht in einem sozialen Rahmen sondern vor dem Hintergrund einer Aufgabenstellung (s. Scheffer, 2005).

Dieses Feldexperiment lehrt uns Folgendes: Erstens waren die Matrosen in der Lage, ihren Hunger auf Grund der vielfältigen Aufgaben zu verdrängen, denn ansonsten hätten sie diesen in den Fragebögen zugegeben. Zweitens wurde im TAT deutlich, dass ihre Wahrnehmung sehr wohl durch den Hunger beeinflusst wurde, denn sie sahen in den mehrdeutigen sozialen Situationen vor allem Szenen in Restaurants und Lebensmittelläden, undeutliche Striche im Bild wurden zu Messer und Gabel usw. Dies zeigt, dass selbst bei einer elementaren Motivation wie dem Hunger eine bewusste Selbsteinschätzung des Ist-Zustandes ungenau ist, d. h. nicht den objektiven Tatsachen entspricht.

Erst recht gilt dies für sozial nicht immer besonders erwünschte Bedürfnisse wie beispielsweise der Anschlussmotivation. Shipley und Veroff (1952) haben gezeigt, dass diese implizite Motivation entsteht, wenn man aus einer persönlich bedeutsamen Gruppe ausgeschlossen wird (z. B. bei amerikanischen Studenten, denen zuvor die Aufnahme in einer begehrten Burschenschaft („fraternity") verwehrt worden war). Sozial ebenso unerwünscht und oft verdrängt ist das Machtmotiv (siehe nächsten Kasten). Wie nicht anders zu erwarten, ist gerade dieses Motiv nicht immer nur edler Natur, auch wenn es für den Aufstieg in großen Organisationen unbedingte Voraussetzung zu sein scheint (McClelland, 1975; McClelland & Boyatzis, 1982).

Generell kann man heute feststellen, dass die Motivationsforschung drei große Motivbereiche gefunden hat, von denen einige Aspekte sehr konstruktiv und positiv sind, und die daher in Befragungen auch gerne zugegeben werden. Alle drei Motive weisen aber auch negative Aspekte auf, die Menschen vor sich und anderen zu verbergen suchen, und die sich daher nicht ohne weiteres erfragen lassen (selbst wenn eine Person diese vorsprachlich, eher gefühlsmäßig repräsentierten Motive im Prinzip klar ausdrücken könnte). Der folgende Kasten informiert über die „Big 3" der Motivationsforschung.

Es gibt heute zahlreiche Nachweise, dass die implizite, *nicht aber* die bewusste Motivation mit tatsächlich beobachtbarem Verhalten, mit messbarer Hormonaktivität und lang-

Die „Großen Drei" impliziten Motivationen
Das Machtmotiv
Menschen, die sich auf Grund einer früh erworbenen Veranlagung und einer vorhandenen Gelegenheit im Zustand der Machtmotivation befinden, versuchen, andere zu etwas zu bringen, was diese von sich aus nicht einfach so tun würden. Hierzu gehört zum einen, ihnen etwas beizubringen, sie zu motivieren, nach Fehlschlägen wieder aufzubauen. Hierzu gehört jedoch oft auch die Manipulation und der verbissene Machtkampf. Das Machtmotiv ist ein alter Überlebensinstinkt, der Menschen enorme Kraft, Ausdauer und soziale Intelligenz geben, diese aber auch zu skrupellosen Egomanen machen kann. Leider liegen diese Facetten beim Menschen nicht immer so klar sortiert nebeneinander, sondern vermischen sich. Und dies ist ein Grund dafür, dass Machtmotivation als einer der wichtigsten Wahrnehmungsfilter der Arbeitswelt zum Teil implizit bzw. unbewusst bleibt.
Das Leistungsmotiv
Menschen, die sich auf Grund einer früh erworbenen Veranlagung und einer vorhandenen Gelegenheit im Zustand der Leistungsmotivation befinden, wollen immer besser werden, immer dazu lernen, immer höhere Ansprüche an ihre eigene Leistungsstärke befriedigen. Dies könnte die Leistungsmotivation sozial recht erwünscht machen, wäre da nicht der extreme Ehrgeiz, der meistens mit hoher Leistungsmotivation einhergeht, und der andere durch sein stets auf Effizienz und selten auf soziale Belange ausgerichtetes Streben durchaus abstoßen kann.
Das Bindungsmotiv
Menschen, die sich auf Grund einer früh erworbenen Veranlagung und einer vorhandenen Gelegenheit im Zustand der Bindungsmotivation befinden, wollen nicht aus der Gemeinschaft ausgestoßen werden. Sie bemühen sich daher, den Erwartungen anderer Folge zu leisten und gehen mit anderen durch alle Höhen und Tiefen. Dieser positive Aspekt der Bindungsmotivation kann jedoch durch ein hartnäckiges Harmoniestreben getrübt werden, das selten Kritik und Unabhängigkeit verträgt. Eine positive Form der Bindungsmotivation ist auf die persönliche, akzeptierende oder sogar liebevolle Begegnung mit anderen Personen ausgerichtet, und zwar so, dass gegenseitig die Autonomie des anderen respektiert und gefördert wird.

fristigem Karriereerfolg korreliert (zusammenfassend Brunstein, 2004). Aus der Sicht der Motivationsforschung ist es daher heute empfehlenswert, dass die Diagnose der Motivation – und die stellt die notwendige erste Maßnahme vor der Implementierung eines Motivationsprogramms dar – *nicht* nur auf der Befragung subjektiver, bewusster Einstellungen beruhen, sondern in erster Linie auf objektiven, indirekten Methoden aufbauen sollte. Wir sind uns darüber im Klaren, dass dies für Praktiker einen nicht unerheblichen Mehraufwand bedeutet, denn indirekte Methoden sind immer unbequemer als Mitarbeiterbefragungen. Dennoch macht es aus Sicht der Motivationsforschung keinen Sinn, sich immer wieder mit expliziten Befragungen zur Motivation zu begnügen, wenn diese nicht valide sind. Der Mediziner wird sich ja auch nicht mit Abhören begnügen, wenn Röntgen zur präzisen Diagnose angesagt ist.

Trotzdem muss auch der Mediziner seine Patienten oft erst von der Notwendigkeit des aufwändigeren Verfahrens überzeugen. Und für Personalverantwortliche wird dies in ihrem Unternehmen nicht anders sein. Als Argumentationshilfe gegen den unkritischen Einsatz der Mitarbeiterbefragung als Instrument der Motivationsmessung wollen wir abschließend kurz das Schicksal eines eng damit verbundenen Forschungsprogramms skizzieren, das, zumindest in seiner einfachen Grundaussage, gescheitert ist.

3.1.2 Exkurs: Zum Zusammenhang zwischen Zufriedenheit und Leistung

Gegenstand dieses Forschungsprogramms ist der intuitiv sofort einleuchtende Gedanke, dass zufriedene Mitarbeiter auch motivierte und leistungsstarke Mitarbeiter sein müssten. Die Untersuchung des Zusammenhangs zwischen Arbeitszufriedenheit und Arbeitsmotivation und -leistung ist eine der intensivsten Forschungstraditionen der Arbeits- und Organisations-Psychologie (Locke, 1976; Staw, 1984) und wurde sogar als der „Heilige Gral" dieser Disziplin bezeichnet (Landy, 1989). Das Interesse an einer direkten Beziehung zwischen Einstellungen zum Arbeitsplatz und Produktivität geht zurück bis zu den Arbeiten von Taylor (1911) und hat bis heute nichts von seiner Aktualität verloren. Allein innerhalb der letzten vier Jahrzehnte ist die Anzahl der veröffentlichten Forschungsarbeiten zu diesem Thema auf etwa vier- bis fünftausend angewachsen (Weinert, 2004). Eine Vielzahl unterschiedlicher Befragungsinstrumente wurde zum Zwecke der Diagnose der Motivation unter verschiedenen Namen entwickelt: Die Beziehungen zwischen Instrumenten zur Messung der Arbeitszufriedenheit, der Arbeitsmotivation, des Organisations-Commitments und des Organisationsklimas sind dabei sehr eng, denn sie alle erfassen die *bewussten Einstellungen*, die ein Mitarbeiter seiner Organisation entgegenbringt.

In der Praxis sind diese Instrumente nicht den hohen Erwartungen gerecht geworden. Einer der überraschendsten Befunde der Organisationspsychologie ist wohl der, dass die bewussten Einstellungen, die Mitarbeiter gegenüber ihrer Arbeit haben, über die verschiedensten Berufe und Bedingungen hinweg nur unwesentlich mit Arbeitsleistung korrelieren. Alle zusammenfassenden Arbeiten zeigen, dass es nur einen sehr geringen Zusammenhang zwischen beiden Variablentypen (Maße der Zufriedenheit oder Motivation auf der einen Seite, Maße der Arbeitsleistung beispielsweise durch Vorgesetztenurteile oder Umsatzzahlen auf der anderen) gibt: Bereits Brayfield und Crockett (1955) haben in einem Überblicksartikel konstatiert, dass es zwischen beiden Variablentypen nur eine „minimale oder gar keine Beziehung" (S. 405) gebe. Neuere Schätzungen des wahren Zusammenhanges zwischen Arbeitszufriedenheit und Arbeitsleistung, die auf der quantitativen Methode der Meta-Analyse beruhen, kommen zu dem Ergebnis, dass die minderungskorrigierte Korrelation zwischen beiden Variablen nur zwischen $\rho = .15$ und $\rho = .30$, (Petty, McGee & Cavender, 1984; Iaffaldano & Muchinsky, 1985; Brown & Peterson, 1993; Judge, Bono, Thoresen & Patton, 2001) liegt. Im Klartext: Arbeitszufriedenheit und Arbeitsleistung teilen im Durchschnitt nicht einmal 10 % gemeinsame Varianz![1] Auch die Korrelation der Arbeitszufriedenheit mit Maßen der Fluktuation und Abwesenheitsverhalten liegt nach diesen Schätzungen nur bei ca. $\rho = .20$.

Motivation und Leistung, das wurde bereits erwähnt, hängen unmittelbar miteinander zusammen, da Motivation als Wollensfaktor (neben den Könnensfaktoren) eine der beiden persönlichen Determinanten der Leistung ist. Wenn die bewussten Einstellungen zur Arbeit wie beispielsweise die Arbeitszufriedenheit nicht wesentlich mit der Arbeitsleistung korrelieren, dann messen sie offensichtlich nicht das, was sie messen sollen, nämlich Motivation. Denn die müsste, wenn die Könnensfaktoren konstant gehalten werden, eine deutlicher positive Korrelation mit Leistungskriterien zeigen. Die bewussten, positiven Einstellungen gegenüber der Arbeit und der Organisation sagen demnach nicht viel über die Motivation der Mitarbeiter aus. Im Rahmen der im letzten Kapitel vorgestellten PSI-Theorie lässt sich dies mit einem doppelten Argument theoretisch begründen:
1. Positive Einstellungen erfassen die Motivation unzureichend, weil Motivation phasenweise auch auf Unzufriedenheit und negativen Affekten aufbaut.
2. Bewusste Einstellungen berücksichtigen nicht die impliziten Aspekte der Motivation.

Bildlich gesprochen gleichen Personalverantwortliche, die die Analyse der Motivation alleine auf der Basis bewusster Einstellungen erfassen, Historikern, die uns die Zeit der Römer nur auf Grund von geschriebenen Dokumenten vermitteln wollen. Geschriebene Dokumente sind natürlich wichtig, aber sie liefern eine einseitige Sicht auf die damals herrschenden Verhältnisse, so dass Historiker sich immer auch auf indirekte Zeugnisse der Vergangenheit berufen, wie sie beispielsweise die Archäologen nach mühevollen Ausgrabungen liefern.

Für die Maßnahme eines Motivationsprogramms können wir daher aus Sicht von über 60 Jahren Motivationsforschung dringend raten, sich nicht nur auf subjektive Einstellungen von Mitarbeitern (und Vorgesetzten!) bezüglich der vorherrschenden „Stimmung" zu verlassen. Diese liefern zwar wertvolle Hinweise zum aktuellen Zustand, ersetzen aber keinesfalls indirekte Beobachtungsmethoden.

Uns ist bewusst, dass dieser Rat unbequem ist, weil er erstens ungewohnt und zweitens relativ zeitaufwändig ist. Entsprechend mühevoll dürfte es sein, einen solchen Vorschlag in den verschiedenen Gremien eines Unternehmens (Managementteam, Betriebsrat, Abteilungsleitungen) durchzusetzen. Der lange Anlauf, den wir dazu genommen haben,

---

1 Die Minderungskorrektur wird eingesetzt, um den wahren Zusammenhang zwischen zwei nicht 100 %ig reliablen Messungen zu schätzen. Mathematisch ist dieses Verfahren gerechtfertigt, die Methode der Reliabilitätschätzung ist jedoch nicht ausgereift. Judge et al. (2001) hatten in ihrer Meta-Analyse in mehr als 80 % der verwendeten Studien Vorgesetztenurteile als Kriterium für Arbeitsleistung, die die durchschnittliche Reliabilität der Arbeitsleistungs-Maße auf geschätzte .52 herabsetzte, da Vorgesetztenurteile angeblich nicht sehr reliabel sind (maximal wäre 1.00). Hätte man einen höheren Wert angenommen, wofür es einige stichhaltige Gründe gibt (Murphy & DeShon, 2001), dann wäre der wahre Zusammenhang nach der Minderungskorrektur entsprechen kleiner ausgefallen. Insofern muss man den Wert von $\rho = .30$ wohl als obere Grenze des Zusammenhangs zwischen Arbeitszufriedenheit und Arbeitsleistung ansehen. Ohne Minderungskorrektur liegt der Zusammenhang höchstens bei $\rho = .17$.

drückt dieses Bewusstsein aus und sollte Argumentationshilfen für diesen Ansatz liefern. Es ist nun an der Zeit, eine Methode zur indirekten Messung der Motivation vorzustellen, die wir zur validen Analyse der aktuellen Motivation in einer Organisation empfehlen.

3.2 Eine Methode zur Messung von Arbeitsmotivation

Im letzten Abschnitt haben wir argumentiert, dass positive Einstellungen noch kein eindeutiger Hinweis auf eine hohe Motivation sind. Erst wenn sich die positiven Einstellungen in entsprechendem Handeln äußern, kann man davon ausgehen, dass sie motivationale Kraft entwickelt haben. Deshalb ist es in der Motivationsforschung eine auf Murray (1938) zurückgehende Tradition, Motivation durch *Handlungsanalysen* zu messen (so genannte *performance tests*, s. McClelland et al., 1989; Meyer et al., 2001).[2] Für die systematische Handlungsanalyse am Arbeitsplatz wollen wir im folgenden Abschnitt eine Methode vorstellen, die auf Smith und Kendall (1963) zurückgeht und deren Endprodukt in der Literatur als Behavior-Expectation-Scales (BES) oder Behavior-Anchored-Rating Scales (BARS) bezeichnet werden. BES und BARS eignen sich auch für reine Leistungsmessungen. In diesem Abschnitt werden wir aber die Methode dahingehend beschreiben, dass sie für die Analyse von Motivation zugeschnitten ist. BES bzw. BARS wurden und werden weltweit in vielen großen und kleinen Unternehmen erfolgreich eingesetzt und sind intensiv beforscht worden. Entsprechend weisen sie als Methode zur Messung von Motivation von Mitarbeitern eine Reihe von Vorteilen auf (s. Weinert, 2004, S. 700 ff.):
1. BES haben sich in vielen Organisationen bewährt,
2. BES sind hinreichend genau und gleichzeitig vom Aufwand her akzeptabel,
3. BES beteiligen die Mitarbeiter aktiv am Diagnoseprozess und schaffen so eine höhere Akzeptanz auch für negative Ergebnisse.

Diese Methode werden wir ausführlich behandeln, damit Personalverantwortliche in die Lage versetzt werden, sie eigenständig und ohne weitere Literatur durchzuführen.

3.2.1 Bildung eines Teams zur Konstruktion einer BES

Damit eine BES optimal funktioniert, müssen eine ganze Reihe kritischer Punkte beachtet werden, die im Folgenden beschrieben werden. Dabei handelt es sich hier um eine revidierte Methode. Die ursprüngliche BES-Methode (s. Smith & Kendall, 1963; Weinert, 1981) ist bedeutend langwieriger, aber auch noch genauer als die hier vorgestellte Variante. Die Praxis mit BES in Unternehmen zeigt jedoch, dass die sehr zeitintensive

---

2 Zu den *performance tests* gehört übrigens auch der vorher erwähnte TAT – er basiert auf „fantasy behavior", das auf Grund dessen geringerer Überformung von aktuellen Anforderungen und Normen Aufschluss über die stabilen, dispositionellen Anteile der Motivation gibt. Uns interessiert an dieser Stelle jedoch die aktuelle, veränderbare Motivation von Mitarbeitern, so dass wir auf eine andere Methode zurückgreifen müssen.

ursprüngliche BES-Methode aus Kostengründen nur sehr selten realisiert werden kann, weil es einfach zu teuer ist, Fach- und Führungskräfte über mehrere Wochen regelmäßig mehrere Stunden an der Konstruktion von BES arbeiten zu lassen. Die hier vorgestellte revidierte Methode kann in 4 bis 8 Stunden konstruiert werden und berücksichtigt damit die zeitliche „Schmerzgrenze" der meisten Unternehmen, ohne jedoch den grundlegenden Anspruch aufzugeben, eine präzise und umfassende Motivationsdiagnose vorzunehmen.

Die Einführung von Beurteilungssystemen scheitert häufig an der mangelnden Akzeptanz der Organisationsmitglieder (Schuler, 2004). Es ist daher zunächst entscheidend, dass Mitarbeiter und Vorgesetzte an dem Konstruktionsprozess beteiligt werden. Auch der Betriebsrat sollte eingebunden werden, da sich nach der Konstruktion einer BES eine Beurteilungsphase anschließt und der Betriebsrat in Beurteilungsfragen mitbestimmungspflichtig ist. Dieser Schritt ist aber auch schon deswegen wünschenswert, weil Motiva-

Tabelle 8: Konstruktion einer BES

Schritt	Ziel		Praktische Umsetzung
Bildung eines BES-Konstruktionsteams	Erarbeiten eines gemeinsamen Bezugssystem (Konsens bezüglich der relevanten Motivationsformen) zwischen Vorgesetzten & Mitarbeitern		Berücksichtigung der Mitbestimmung; Einbeziehung des Betriebsrates Mitglieder sollen ‚konstruktiv' & repräsentativ sein Externe Moderation
Wahl der Dimensionen	Präzise Anforderungsanalyse an die Mitarbeitermotivation	Identifikation von Situationen in denen Motivation erfolgskritisch ist;	Sammlung beobachtbarer, erfolgskritischer Verhaltensmuster Zusammenfassung zu thematischen Clustern Diskussion & Bezeichnung der Dimensionen
Verankerung der Dimensionen mit Verhaltensmustern		Sammlung & Bewertung von Verhaltensbeispielen; Integration zu Verhaltensmustern	Verhaltensbeispiele für: sehr hohe, hohe, ausreichende und mangelhafte Motivation
Beurteilungsphase	Diagnose der Motivation auf individueller und Abteilungs- oder Organisationsebene, Rückmeldung der Ergebnisse		Vorgesetztenurteile 360°-Feedback-Programme

tion sich wohl selten gegen den Widerstand des Betriebsrates durchsetzen lassen wird. Unabhängig von der Gesetzeslage steht und fällt die Qualität von BES mit der Erarbeitung eines tragfähigen *gemeinsamen Bezugssystems* zwischen Mitarbeitern und Vorgesetzten. Der Zusammenstellung der Konstruktionsgruppe kommt daher im Vorfeld eine sehr wichtige Bedeutung zu. Personalverantwortliche können darauf achten, dass ihr nur konstruktive Mitglieder angehören, die in Unternehmenszusammenhängen denken und über den eigenen Tellerrand schauen können, um so den Bearbeitungsprozess effizient zu halten. Für die Nützlichkeit des Verfahrens ist es unerlässlich, dass die wichtigsten Funktionen oder Berufsrollen einer Organisation repräsentativ in der Konstruktionsgruppe vertreten sind. Hieran wird schon deutlich, dass BES die Motivation organisationsspezifisch messen.

Die Konstruktionsgruppen müssen gut moderiert werden, da es im Konstruktionsprozess „hoch her" gehen kann. Es empfiehlt sich, dass ein bis zwei Moderatoren anwesend sind, die nicht zum Unternehmen gehören sollten.

Checkliste: Die Erstellung von BES ist im Kern eine Anforderungsanalyse, mit der sich die für den Erfolg wichtigsten Motivationsformen definieren lassen (vgl. Scheffer, 2003; Weinert, 2004).

3.2.2 Die Auswahl von Dimensionen

Die Auswahl der Motivationsdimensionen ist die erste Aufgabe der Konstruktionsgruppe. Schon hier kann man sehr viel über die Motivation im Unternehmen erfahren, da die Schlüsselsituationen, in denen eine hohe Motivation erfolgskritisch ist, deutlich werden. Für eine BES, die zum Zwecke der Motivationsdiagnose eingesetzt wird, sollten sich die Dimensionen in etwa an Tabelle 1 orientieren. Unsere Beobachtung in der Praxis ist aber, dass man dabei so gut wie nie nachhelfen muss, da die Mitglieder der Konstruktionsgruppe automatisch auf diese Dimensionen zurückgreifen. Welche der Dimensionen jedoch durch wie viele BES wie stark gewichtet werden, das unterscheidet sich von Unternehmen zu Unternehmen und ist eines der wichtigsten Ergebnisse dieser Phase des Konstruktionsprozesses.

Um die Dimensionen zu definieren, empfiehlt sich ganz konkret folgendes Verfahren. Jeder Teilnehmer erhält 7 Karteikarten mit der Aufforderung, auf diese Verhaltensmuster zu schreiben, die
– erfolgskritisch, d. h. mit Konsequenzen verbunden,
– eindeutig beobachtbar, d. h. verhaltensnah formuliert,
– in einer oder mehreren Situationen nachweisbar, d. h. zuordenbar sind.

Da es sich um eine Motivationsdiagnose handelt, sollen die Teilnehmer nur Verhaltensweisen nennen, die von der *Fähigkeit* her gesehen prinzipiell von allen Mitarbeitern gezeigt werden können. Das Fähigkeitsniveau, also die erforderliche Intelligenz und fachliche Qualifizierung sollte für die genannten Verhaltensweisen eine möglichst geringe Rolle spielen (damit Könnens- und Wollensfaktoren nicht vermischt werden). Aber das ist in der Praxis nicht immer „lupenrein" möglich.

Alle Karteikarten werden von den Moderatoren nach und nach eingesammelt und einer ersten Vorsortierung unterworfen. Dabei werden doppelte oder ähnliche Verhaltensbeispiele übereinandergelegt, und es werden erste *thematische Cluster* gebildet. Diese Cluster passen in der Regel auf Anhieb zu den vier Formen der Motivation, die wir hier kennen gelernt haben. So gibt es beispielsweise fast immer einen Cluster, der etwas mit sozial-integrativer Motivation zu tun hat *(hört zu, ist kollegial, baut Brücken zwischen Menschen etc.)*. Oder einen Cluster, der die zielgerichtete Leistungsmotivation beschreibt *(definiert herausfordernde Ziele für seine Arbeit, ist ergebnisorientiert etc.)*. Je nachdem, ob dabei eher die Erfüllung der Aufgaben oder die unternehmerische Gestaltung des Aufgabenumfeldes gemeint ist, können diese Kompetenzen dann einem der ersten beiden Quadranten der Motivation zugeordnet werden. Ganz regelmäßig finden sich in diesem Konstruktionsprozess auch Beispiele, die sich mit der Veränderungs- und Lernbereitschaft auseinander setzen, also den dritten Quadranten aus unserem Vierfelderschema betreffen *(ist bestrebt professioneller zu werden etc.)*. Die Karten werden dann nach diesem Motivationsmodell vorsortiert an eine Pinnwand geheftet, wobei jedes Cluster eine Spalte bildet.

Die Moderatoren diskutieren nun mit dem Plenum, ob ihre Vorsortierung richtig war. Wenn die Teilnehmer der Ansicht sind, dass bestimmte Beschreibungen nicht oder doch zusammengehören, müssen die Moderatoren die Cluster ändern. Möglich ist beispielsweise, dass einer der vier Quadranten mit zwei oder noch mehr Clustern repräsentiert sein soll. Dies drückt dann die besondere Wichtigkeit dieser Form der Motivation aus, da Menschen bekanntlich umso feiner unterscheiden, je bedeutsamer etwas für sie ist (man denke etwa an die vielen Bezeichnungen der Eskimos für Schnee). Ganz allgemein gilt, dass die Moderatoren lediglich beraten – letztlich gültig ist nur der im Konstruktionsteam entstandene Konsens. Den zu finden, kann bereits in dieser ersten Phase schwierig sein und einigen Diskussionsbedarf erfordern. Dass dabei jeder zu Wort kommt, ist die wichtigste Aufgabe der Moderatoren. Einer der beiden Moderatoren sollte außerdem alle wesentlichen Aussagen, die gemeinsam getragen werden, aufschreiben und durch einen Beamer an eine Leinwand projizieren.

Wenn sich die Teilnehmer auf die Cluster geeinigt haben, ist es sinnvoll, deren Anzahl kritisch zu hinterfragen. Decken die Cluster die ganze Bandbreite der erforderlichen Motivation ab oder wurde ein wichtiger Aspekt nicht berücksichtigt? Sind die Beispiele spezifisch und erfolgskritisch genug? Es ist entscheidend, dass die BES wirklich ein geschlossenes Gesamtbild der erforderlichen Motivation enthält. Wenn sichergestellt ist, dass die Cluster das ganze Feld der wirklich wichtigen Motivationsformen zufriedenstellend abdecken, sollte man eine möglichst griffige Bezeichnung für die Cluster finden.

Die Benennung eines Clusters ist ein wichtiger Schritt bei der Definition einer Motivationsdimension. Es ist übrigens vorteilhaft, wenn die Dimensionsbezeichnungen ein Substantiv und ein Verb enthalten (z. B. „nimmt Kritik auf", „kann Belastungen tragen"), da diese mehr Vorstellungskraft entfalten und besser den dynamischen Charakter der Dimensionen illustrieren. Letztlich ist es entscheidend, dass durch die BES *Bilder in den Köpfen der Mitarbeiter und der Beurteiler* entstehen.

3.2.3 Die Skalierung der Dimensionen

Damit in den Köpfen wirklich Bilder entstehen, müssen die Motivationsdimensionen durch Verhaltensmuster skaliert werden, denn nur dadurch lässt sich Motivation im Sinne von „gut" – „nicht gut" bewerten. Verhaltensweisen sind viel konkreter als abstrakte Adjektive wie „ist stets motiviert", unter denen sich jeder etwas anderes vorstellt. Genau dies wird auch spätestens in dieser Phase des Konstruktionsprozesses deutlich. Was heißt denn „ist motiviert"? Wie drückt sich das besonders in kritischen Situationen aus? Wie kann es beobachtet und damit im Rückmeldegespräch letztlich nachprüfbar behauptet werden? Ziel ist es, dass jedes Verhaltensmuster in jedem Teilnehmer etwa das gleiche Bild auslöst. Das runde Format der BES, das im folgenden Abschnitt gezeigt wird, soll diesen bildhaften Charakter des Verhaltensmusters grafisch unterstützen.

Konkret wird in dieser Phase so vorgegangen, dass alle Bewertungsdimensionen noch einmal nacheinander abgearbeitet werden. Man beginnt mit der von den Teilnehmern als besonders wichtig eingeschätzten Motivationsdimension. Die Teilnehmer sollen für den Mittelpunkt der fünfstufigen Skala (also die mindestens erwartete Durchschnitts-Skalierung) Verhaltensweisen finden, die diese „selbstverständliche" Motivation besonders deutlich machen, den Mittelpunkt sozusagen repräsentieren und dadurch verankern. Definiert ist dieser Mittelpunkt durch Verhaltensweisen, die aus motivatorischer Sicht eindeutig von allen Mitarbeitern eingefordert werden können, die sozusagen das Minimum an Engagement darstellen. Die Teilnehmer äußern nun eine Vielzahl von Vorschlägen, von denen aber nur die aufgenommen werden, die

1. bezüglich der Dimension eindeutig passen, d. h., wo alle Teilnehmer zustimmen, dass dieses Verhalten wirklich die gemeinte Dimension beschreibt,
2. genau der durchschnittlichen Skalierung entsprechen; wenn andere Teilnehmer meinen, dass das Verhalten eher einer Stufe darüber oder darunter entspricht, dann kann diese Verhaltensweise für später aufgehoben werden, sie darf aber nicht als Skalierung für den Mittelpunkt verwendet werden.

In dieser Phase muss also ein Konsens bezüglich der Bewertung von Verhaltensbeispielen, die thematisch mit einer bestimmten Form der Motivation zu tun haben, gefunden werden.

Ist dieser Konsens für den durchschnittlichen Bewertungspunkt gefunden, wird mit der positiven Bewertung (+) fortgefahren. Die Skalierung + ist definiert als „gute"; d. h. Mitarbeiter, die dieses Verhalten zeigen, repräsentieren entsprechend motivierte Mitarbeiter, sie sind ein Gewinn für das Unternehmen. Sie gehören aber nicht zu den ca. 10 % Top-Motivierten. Hierfür müssten sie Verhaltensweisen zeigen, die den ++ Bereich markieren („sehr gut motiviert").

Die Skalierung „–" ist definiert als „ausreichende Motivation" im Sinne einer Schulnote. Mitarbeiter, die solche Verhaltensweisen zeigen, kommen im Prinzip mit dieser Motivation noch durch, müssen sie aber im Grunde ausbauen. Der „–"-Bereich unterscheidet sich aber noch deutlich vom „– –"-Bereich, der durch Verhaltensweisen definiert wird, die auf eine mangelhafte Motivation hindeuten.

Oft können sich die Teilnehmer auf mehrere Verhaltensweisen pro Skalierungsbereich einigen. Diese werden dann zu einem Verhaltensmuster verdichtet, womit so viel gemeint ist wie ein „Syndrom". Sehr gute Mitarbeiter zeigen bei der Dimension „Einander motivieren" (siehe unten) beispielsweise folgendes Syndrom: Sie sind treibende Kraft, dabei authentisch und überzeugend, beeinflussen andere positiv und nehmen sie mit.

Auf ein Problem muss noch hingewiesen werden. Mitunter werden graduelle Abstufungen gleicher Verhaltensweisen vorgeschlagen, wie z. B. hört *immer* zu, hört *meistens* zu, hört *gelegentlich* zu, hört *selten* zu. Solche Abstufungen bringen wesentliche Schwächen der analytisch-abstrakten Skalierungen in die BES. Sie sollten daher unbedingt vermieden werden.

Wenn für alle Bewertungsdimensionen alle fünf Skalierungspunkte definiert wurden, ist die Arbeit der Konstruktionsgruppe beendet.

3.2.4 Einsatzphase (360°-Bewertung)

Eine Minimalanforderung an die Diagnose der Motivation in der Einsatzphase besteht darin, dass eine repräsentative Stichprobe der Mitarbeiter, die *nicht* an der Konstruktionsphase teilgenommen haben müssen (möglichst mehr als 30) durch ihre Vorgesetzten auf den BES bewertet werden. Über die Häufigkeiten der „sehr guten" bis „mangelhaften" Verhaltensmuster bei den verschiedenen Dimensionen können Personalverantwortliche sich dann in der Regel ein präzises Bild über die Motivation der Mitarbeiter bilden. Noch präziser und umfassender wird die Diagnose durch ein sog. 360°-Feedback-Programm (s. Scherm & Sarges, 2002; Scherm, 2005), bei dem nicht nur der Vorgesetzte beurteilt, sondern auch Kollegen und Mitarbeiter. Und auch die Selbsturteile liefern bei diesem Programm interessante Aufschlüsse. Je mehr Feedbackurteile gesammelt werden, desto präziser wird die Messung der Motivation und ihrer Schwankungen. Entscheidend ist aber, dass ein 360°-Feedback in einem vertrauensvollen Klima stattfindet. Das bedeutet:
1. Die Bewertungen durch Mitarbeiter, Kollegen und Vorgesetzte erfolgen anonym, d. h. außerhalb der betriebsüblichen Beurteilungsprozesse.
2. Die Teilnehmer werden über den Zweck des Programms aufgeklärt (Diagnose der Motivation).
3. Die Ergebnisse der Diagnose werden an die Mitarbeiter zurückgemeldet.

Wenn möglich, sollten die Feedbacks mit einem Coaching verbunden werden. Eine anschauliche und hilfreiche Beschreibung einer sehr guten Implementierung eines ganzheitlichen 360°-Feedback-Programms geben Sauer, Scherer, Scherm, Kaufel und Pfeifer (2004).

Für den Zweck der Diagnose ist aber auch allein die Beurteilung von Mitarbeitern auf den BES durch Vorgesetzte ausreichend. Auf Grund der sorgfältigen Konstruktion und Verhaltensverankerung fällt diese den Vorgesetzten meist recht leicht und nimmt nicht viel Zeit in Anspruch (meist weniger als 5 Minuten pro Mitarbeiter). Diese Beurteilungen können dann zentral zusammengefasst werden und bieten über die Darstellung als

Häufigkeitschart eine einfache Messung der momentanen Motivation der Mitarbeiter im Unternehmen. Und auch die Interpretation ist einfach. Je dichter die Häufigkeit über dem Durchschnitt liegt, desto weniger Handlungsbedarf besteht (vorausgesetzt, die Konstruktionsgruppe hat sauber gearbeitet und nicht Verhaltensweisen als „gut" definiert, die fast jeder zeigt). Wenn sich jedoch Verhaltensweisen häufen, die auf eine nur ausreichende oder sogar mangelhafte Motivation hindeuten, dann besteht dringender Handlungsbedarf. Und dieser ist dann objektiv gemessen – zumindest so weit wie das in den Verhaltenswissenschaften möglich ist. Jedenfalls ist eine solche Analyse weit mehr als eine Erfassung der subjektiven Befindlichkeit, zudem basiert sie auf einem Konsens der als repräsentativ geltenden Konstruktionsgruppe, die erfahrungsgemäß auch zu negativen Ergebnissen steht und die Methode gegen Kritik in Schutz nimmt. Hier wird deutlich, wie wichtig die sorgfältige Planung der Konstruktionsphase im Vorfeld der Messung ist.

Der gesamte Prozess der BES-Konstruktion ist verglichen mit anderen Methoden recht aufwändig. Doch der Aufwand ist gerechtfertigt, wenn man bedenkt, was dadurch gewonnen wird:
1. Durch die Konstruktionsphase einer BES erhält man eine präzise Anforderungsanalyse bezüglich der Motivation der Mitarbeiter.
2. Durch die Beurteilungsphase der BES erhält man eine klare, quantitative Analyse, inwieweit die Mitarbeiter diese Anforderungen an die Motivation erfüllen bzw. wo Motivierungsbedarf festgestellt werden kann.
3. Die Konstruktion und der Einsatz einer BES stellt eine Methode zur Messung der Motivation dar, die zuverlässig ist und in sich selbst motivierend wirkt.

Punkt 3 ist natürlich im Sinne der Personal- und Organisationsentwicklung von besonderem Interesse. Ein regelmäßiger Einsatz von BES, der mit Feedback verbunden ist, veranschaulicht den Mitarbeitern die geforderte Motivation und kann ihnen, wenn die Dimensionen nicht zu sehr durch nicht erreichbare Könnensfaktoren konfundiert sind, die Motivation signifikant stärken (Komaki, Collins & Temlock, 1987). In erster Linie geht es in der Konstruktions- und Beurteilungsphase um die Analyse der Motivation auf Organisations- und Abteilungsebene. Aber natürlich kann diese Analyse auch auf individueller Basis erfolgen. Dazu sollte dann allerdings auch ein begleitendes Coaching angeboten werden.

Personalverantwortliche wissen nach dieser Analyse, wie es um die Motivation der Mitarbeiter steht, und können auf ihrer Basis geeignete Motivationsprogramme installieren. Wie wir im zweiten Kapitel gesehen haben, eignet sich je nach gewünschter Motivationsform eine der vier Theorien mehr oder weniger gut, um wirkungsvolle Veränderungen zu erzielen. An einem Praxisbeispiel sollen die vier Formen der Motivation nun in einem BES-Format vorgestellt werden. Erwähnt werden muss hierzu aber noch einmal, dass eine Form der Motivation selbstverständlich auch durch mehrere BES-Dimensionen gemessen werden kann. Eine solche Häufung mehrerer Dimensionen innerhalb einer der vier Motivationsformen drückt den Stellenwert dieser Motivationsform in dem betreffenden Unternehmen aus. Das Minimum an BES-Dimensionen beträgt vier, das Maximum aus unserer Sicht 16, da ansonsten die Konstruktion und Beurtei-

lung der Mitarbeiter durch die Vorgesetzten zu viel Zeit in Anspruch nimmt. Im folgenden Abschnitt stellen wir aus Platzgründen jeweils nur ein Beispiel pro Motivationstyp
vor.

Die vier Beispiele wurden in einer Tochtergesellschaft eines skandinavischen Vertriebs-
unternehmens entwickelt und stellen aus unserer Sicht besonders gut gelungene BES
dar. Bemerkenswert an diesen BES ist, dass sie gleichermaßen erfolgreich für Sekretä-
rinnen, Vertriebskräfte und Mitglieder des Managementteams eingesetzt werden. Es
erscheint uns daher plausibel, dass die Grundzüge dieser BES auch auf andere Unternehmen übertragen werden können. Die Anzahl und Benennung der Dimensionen, die
Ausformulierung der Verhaltensanker und die genauen Einsatzformen müssen aber un-
ternehmensspezifisch sein.

3.2.5 Praxisbeispiel einer BES zur Messung der ergebnisorientierten Motivation

BES eignen sich für die Messung der ergebnisorientierten (extrinsischen) Aufgabenmotivation besonders gut. Die Erwartungen an die Ausführung von Aufgaben standen
daher sehr oft im Fokus von BES (einige erhellende Beispiele findet man bei Weinert,
2004). Schwieriger wird die Messung der ergebnisorientierten Motivation dann, wenn
unterschiedliche Berufsrollen und Funktionen beurteilt werden sollen. Wir stellen daher
im Folgenden ein berufsrollenübergreifendes Beispiel einer BES dar.

Damit eine ergebnisorientierte Motivation entstehen kann, müssen nach Vroom (1964)
Bedingungen vorherrschen, die die eigene Anstrengung mit hoher Wahrscheinlichkeit
zum Erfolg und die den Erfolg mit hoher Wahrscheinlichkeit zu einer angestrebten Belohnung führen. Wie kann man diese Bedingungen verhaltensnah messen und damit auf
eine hohe ergebnisorientierte Aufgabenmotivation schließen? In der Forschung wird in
jüngster Zeit besonders von van der Vegt und Mitarbeitern (1998) dem Grad der *Aufgabeninterdependenz* und *Ergebnisabhängigkeit* eine Schlüsselrolle zugewiesen. Wo diese
beiden Variablen stark ausgeprägt sind und damit die Wertschöpfungskette an einer Stelle
abrupt unterbrochen werden kann, ist die Instrumentalität erster und zweiter Ordnung in-
stabiler als bei Aufgaben, bei denen sich Mitarbeiter ganz auf sich selbst verlassen können. Unter den Bedingungen hoher wechselseitiger Abhängigkeit bei der Aufgabenerfüllung kommt es entscheidend auf die Verlässlichkeit und das gegenseitige Vertrauen
der Kollegen, Mitarbeiter und Vorgesetzten an.

In modernen Unternehmen ist die Aufgabeninterdependenz und Ergebnisabhängigkeit bei der Bearbeitung von Aufgaben fast immer hoch. Aus dieser Sicht sind für die
extrinsische Aufgabenmotivation Verhaltensmuster förderlich, die Zuverlässigkeit und
Integrität ausdrücken (die + Beispiele) und solche schädlich (die − Beispiele), die
Unzuverlässigkeit und Unehrlichkeit ausdrücken. Die durchschnittliche Bewertung in
der Mitte entspricht einem Verhalten, dass für ein Mindestmaß an ergebnisorientierter
Aufgabenmotivation in dem Unternehmen steht. Diese Dimension wurde *„ist integer"*
benannt, um die Entscheidungsfilter für jeden Mitarbeiter auszudrücken.

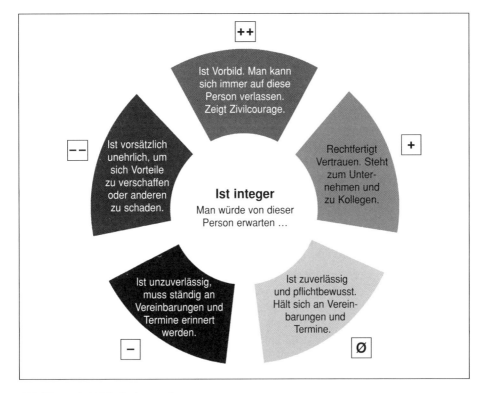

Abbildung 6: BES „Ist integer"

Die Interpretation dieser BES als Messung einer ergebnisorientierten Aufgabenmotivation kann auf den ersten Blick verwirrend wirken, weil Integrität und Zuverlässigkeit auch als ein wichtiger Aspekt der kontextuellen Leistung angesehen wird (Borman, 1974). Ohne diesen scheinbaren Widerspruch ganz auflösen zu wollen, weisen empirische Studien jedoch darauf hin, dass Zuverlässigkeit und Gewissenhaftigkeit tatsächlich ein entscheidender Faktor bei Aufgabenmotivation zu sein scheint (Barrick & Mount, 1995; Schmidt, Ones & Hunter, 1992), während Kontextmotivation eher mit Variablen zusammenhängt, die die Willenstärke und das Energieniveau einer Person messen (Borman & Motowidlo, 1993; Borman, Hanson & Hedge, 1997; Day & Silverman, 1989; Le Pine & Van Dyne, 2001; McCloy, McHenry, Hough, Toquam, Hanson & Ashworth, 1990; Van Scotter, 1994; Van Scotter & Motowidlo, 1996).

Aus der Persönlichkeitsperspektive, wie wir sie im Rahmen der PSI-Theorie angeboten haben, ist es plausibel, dass eine ergebnisorientierte Aufgabenmotivation viel mit Zuverlässigkeit und Disziplin, oder funktionsanalytisch ausgedrückt, mit dem *Selbstkontrollmodus* zu tun hat, der durch die starke Beteiligung des Absichtsgedächtnisses die Aufmerksamkeit immer wieder neu auf das momentan angestrebte Ergebnis fokussiert und alle anderen Gesichtspunkte (des „Kontexts") als mögliche Ablenkungs-Wahrnehmungsfilter außen vor lässt (Kuhl, 2000). Im Big-Five-Ansatz stellt vor allem der Faktor

Gewissenhaftigkeit eine Grundlage dieser Motivationsform dar (s. Hogan & Ones, 1997). Dass ein stabiler Persönlichkeitsfaktor an dieser Form der Motivation beteiligt ist, bedeutet jedoch nicht, dass nicht auch weniger gewissenhafte Menschen zu Integrität und Zuverlässigkeit motiviert werden könnten. Der Ansatz von Vroom lässt sich als ein Versuch interpretieren, die Art und Weise gewissenhaften Denkens und Handelns zu modellieren, d. h. zunächst nach dem Wert eines Ziels zu fragen, sich zur Erzielung eines konkreten Ergebnisses anzustrengen und ganz auf das Ziel konzentrieren, wenn – rational berechnet – Anstrengung zu erfolgreichem Verhalten und dieses wiederum zum Erreichen des Ziels führt. Dass man mit der willentlichen Selbstkontrolle die Umsetzung eigener Absichten und die Zielerreichung optimieren kann, belegen experimentelle Studien und Feldversuche (s. Kuhl, 2000).

3.2.6 Praxisbeispiel einer BES zur Messung der wirkungsorientierten Motivation

Nach Baum und Locke (2004) sind anspruchsvolle, ja visionäre Ziele von Unternehmern (aber auch Mitarbeitern) der Kern der wirkungsorientierten Motivation. Die Fähigkeit, sich Ziele zu setzen, die besonders riskant sind, und deren positiver Ausgang nicht vorhergesehen werden kann, ist nach diesen Autoren eines der bestimmenden Merkmale des Unternehmertums. Erinnern wir uns auch an die Meta-Analyse von Klein et al. (1999), nach der schwierige Ziele solche sind, die nur mit 15 %iger Wahrscheinlichkeit auf Anhieb erreicht werden können. Persönlichkeitsvariablen, die mit einer erfolgreichen unternehmerischen Orientierung zu tun haben, betreffen daher weniger die Gewissenhaftigkeit (auch wenn diese fraglos nicht unwichtig ist) als vielmehr motivationale Variablen im engeren Sinne, wie eine hohe Selbstwirksamkeit, gute Selbststeuerungsfähigkeiten und ein souveräner Umgang mit Frustration und extremer Unsicherheit (Baum & Locke, 2004).

Vor diesem Hintergrund verwundert es nicht, dass in der Praxis die BES-Dimensionen, die die wirkungsorientierte Kontextmotivation messen sollen, die unternehmerische Orientierung von Mitarbeitern und Vorgesetzten thematisieren.

Besonders bei den + Beispielen in Abbildung 7 wird der kontextuelle Aspekt dieser Verhaltensmuster deutlich. Bei der durchschnittlichen Ausprägung wird interessanterweise der Zielsetzungsaspekt angesprochen, der damit aus Sicht der BES-Konstrukteure eine notwendige, für eine hohe Kontextmotivation aber noch nicht hinreichende Bedingung darstellt.

3.2.7 Praxisbeispiel einer BES zur Messung der entwicklungsorientierten Motivation

Als Kern der entwicklungsorientierten Motivation hatten wir Verhaltensmuster definiert, die Bedürfnisse, an der Aufgabe zu wachsen und dazuzulernen, ausdrücken (s. das Konzept der *mastery goals;* Elliot & Dweck, 1988). In der Praxis findet sich daher bei

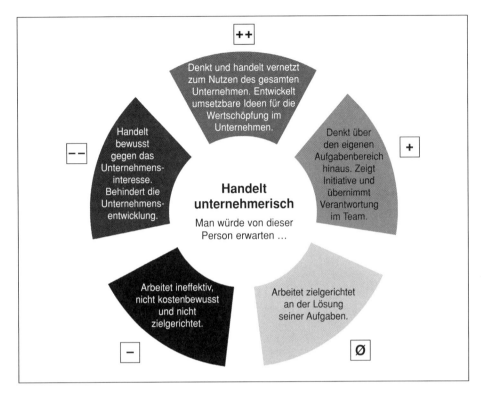

Abbildung 7: BES „Handelt unternehmerisch"

der Konstruktion einer BES fast immer mindestens eine Dimension, die diese Form der Motivation ausdrückt.

In dem mit ++ bewerteten Beispiel in Abbildung 8 wird deutlich, dass es bei der mit der entwicklungsorientierten Motivation verbundenen Lernorientierung keineswegs nur um „Spaß" geht. Zum Lernen gehört auch ein Überwinden der eigenen Grenzen, das In-Kaufnehmen von unbequemen Veränderungen von Gewohnheiten, zumindest aber das permanente Reflektieren der eigenen Professionalität.

3.2.8 Praxisbeispiel einer BES zur Messung der integrativen Motivation

Kommen wir zu der vierten Motivationsform, bei der es darum geht, andere mit positiver Energie anzustecken, ein motivierendes Klima zu schaffen, Reziprozität und Vertrauen zwischen den Mitarbeitern zu aktivieren. Auch diese Dimension ist in praktisch jeder BES-Konstruktion zu finden, und oft erscheint sie den Mitarbeitern sogar als die

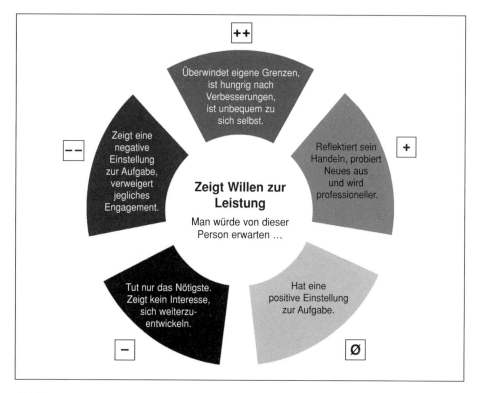

Abbildung 8: BES „Zeigt Willen zur Leistung"

wichtigste. Kern dieser Dimension sind Verhaltensmuster, die eine Bereitschaft ausdrücken, nicht nur von anderen Mitarbeitern und der Organisation zu profitieren, sondern selber etwas zu geben.

In Abbildung 9 wird es besonders deutlich, dass Personen mit einer hohen integrativen Kontextmotivation sehr viel positive Energie benötigen. In der PSI-Theorie wird diese Form der Motivation daher dann angenommen, wenn Mitarbeiter sowohl ihr IVS als auch ihr EG aktivieren können. Das macht sie zwar nicht gerade zu begnadeten Analytikern. Zahlen schrecken solche Menschen eher ab, sie können dafür aber Brücken zwischen Menschen bauen, Verbindungen herstellen und aufrechterhalten, „win-win-Situationen" schaffen. Oft zeichnen sie sich durch tiefe Einsichten in komplexe Situationen aus, ohne dass diese Erkenntnisse an konkreten Zahlen oder Fakten verifiziert wären. Es ist übrigens auffällig, dass diese Form der Motivation in Vertriebsunternehmen als besonders wichtig angesehen wird.

Mit dem am schlechtesten bewerteten Beispiel (– –) in Abbildung 9 wird die mangelnde Reziprozität (kein ausgewogenes Verhältnis zwischen Geben und Nehmen) angesprochen, die Personen mit fehlender Kontextmotivation zeigen. Genau diese mangelnde Reziprozität, Gleichheit oder Gerechtigkeit ist für sozial-integrative Mitarbeiter die größte Motivationsbremse.

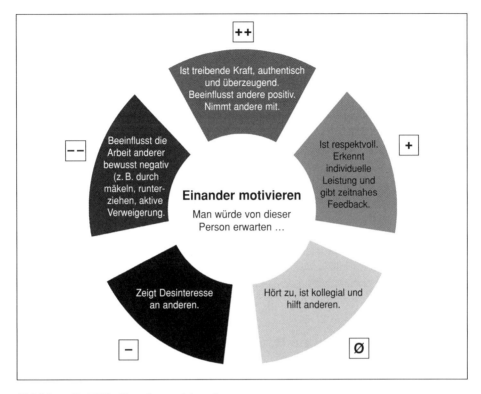

Abbildung 9: BES „Einander motivieren"

3.2.9 Nutzen der BES zur Messung von Motivation

Wenn Mitarbeiter von Vorgesetzten (und evtl. auch von Kollegen) auf verschiedenen BES-Dimensionen beurteilt worden sind, könnte sich beispielsweise Folgendes ergeben: Die wirkungsorientierte Kontextmotivation und die beiden Formen der Aufgabenmotivation (d. h. die ergebnis- und die entwicklungsorientierte) liegen im „guten" Bereich, die integrative Kontextmotivation jedoch nur im „ausreichenden" Bereich. Um diese Mittelwerte gibt es natürlich immer eine mehr oder weniger starke Streuung, die in diesem Fall bei der integrativen Motivation besonders stark ausgeprägt ist. Was würde dieses Ergebnis bedeuten? Es würde auf eine wettbewerbsorientierte Grundstimmung im Unternehmen bzw. in der Abteilung hinweisen, in der die Messung vorgenommen wurde. Die Mitarbeiter erfüllen ihre Aufgaben zur Zufriedenheit, nehmen herausfordernde Ziele an und sie sind lernbereit. Durch noch herausforderndere Zielvereinbarungen, eine noch klarere Kopplung der Zielerfüllung an Anreize und ein noch stimulierenderes Job-Design ließe sich die Motivation der Mitarbeiter evtl. langfristig sogar noch steigern. Das Hauptproblem dieses Unternehmens bzw. der betreffenden Abteilung läge aber darin, dass sich die Mitarbeiter gegenseitig wenig unterstützen und motivieren, was Probleme verursachen kann, wenn gerade die integrativen Kompetenzen für den Unternehmens- bzw. Abteilungserfolg wichtig werden.

Personalverantwortliche können sich nach dem Einsatz einer BES also ein recht genaues Bild über die Ausprägung der verschiedenen Formen der Motivation machen und entsprechende Maßnahmen planen. Bevor im vorigen Beispiel weiter an Zielvereinbarungen und deren Vergütung gefeilt würde, müssten u. U. Maßnahmen eingeleitet werden, die den Teamgeist stärken. Wie wir im vierten Kapitel sehen werden, ließe sich dies über gezielte Veränderungen der Unternehmenskultur realisieren. Unterstützt werden könnte dies dadurch, dass verstärkt Mitarbeiter eingestellt werden, von denen man auf Grund ihrer Persönlichkeit erwarten kann, dass sie sich besonders leicht für eine integrative Motivationsform begeistern ließen, Personen also, die intuitiv handeln und gefühlsmäßig entscheiden.

Wie wichtig eine ausgewogene Balance verschiedener Persönlichkeiten und der damit verbundenen Formen der Motivation für den Unternehmenserfolg ist, zeigen die Arbeiten von Schneider (1987): Eine zu große Homogenität der Persönlichkeiten in einem Unternehmen (bspw., wenn fast nur detailorientierte, analytische Denker ein Maschinenbauunternehmen dominieren) führt zu einseitigen Motivations- und Problemlösestrategien, die zwar in der Anfangsphase des Unternehmens vorteilhaft sein kann, in einem fortgeschrittenen Entwicklungsstadium des Unternehmens jedoch mit der Unfähigkeit einhergeht, sich veränderten Marktbedingungen anzupassen.

3.2.10 Nachteile der BES zur Messung von Motivation

Die BES-Methode hat bei all ihren Vorzügen einen Nachteil: Sie ist immer spezifisch für das Unternehmen und lässt daher keine „Benchmarks" im Vergleich mit anderen Unternehmen der gleichen Branche zu. Wenn die BES gut konstruiert sind, und die Beurteiler kritisch und wahrheitsgemäß urteilen (was in einem von Vertrauen geprägten, diagnostischen Kontext wahrscheinlich ist), kommt den Häufigkeiten der angekreuzten Verhaltensweisen zwar eine hohe Relevanz zu; dennoch kann es eine sinnvolle Ergänzung sein, einen Vergleich mit anderen Unternehmen vorzunehmen. Hierfür bieten sich dann nach psychometrischen Kriterien entwickelte, normierte Feedback-Verfahren an (s. Scherm & Sarges, 2002). Diese sind so allgemein konstruiert worden, dass sie sich in jedem Unternehmen anwenden lassen. Entsprechend werden von den Anbietern zumeist auch (anonymisierte) Vergleichsnormen bereitgestellt, durch die sich die Rangposition des eigenen Unternehmens bestimmen lässt. Die meisten dieser Feedback-Verfahren enthalten Skalen, die sich im Sinne der vier Motivationsformen interpretieren lassen (vgl. Scherm, 2004).

Motivationsbezogene Skalen aus 360°-Feedback Verfahren

1. Effektive Steuerung von Prozessen (misst die ergebnisorientierte Aufgabenmotivation)

2. Leistungsehrgeiz (misst die wirkungsorientierte Kontextmotivation)

3. Lernbereitschaft (misst die entwicklungsorientierte Aufgabenmotivation)

4. Motivieren und Empowern (misst die integrative Kontextmotivation)

Die Messung der Motivation durch BES oder ein normiertes Feedback-Instrument ist Output-orientiert, d. h. die Diagnose bezieht sich nicht auf die Einstellungen der Mitarbeiter zur Arbeit, sondern auf die von ihnen tatsächlich gezeigten Verhaltensweisen. Wie bereits begründet wurde, ist eine solche Output-orientierte Analyse für die Diagnose der Motivation angemessener als eine Einstellungsmessung.

Über weitere Methoden und Instrumente der Beurteilung von Motivation informiert ausführlich Schuler (2004).

3.3 Persönlichkeitsdiagnostik im Dienste der Motivierung von Mitarbeitern

Für die Implementierung von Motivationsprogrammen, denen wir uns im nächsten Kapitel im Detail zuwenden, ist ein Aspekt nicht unwesentlich: Aus welchem „Holz" sind die Mitarbeiter eigentlich geschnitzt? Wie schon an verschiedenen Stellen angesprochen wurde, eignen sich bestimmte Persönlichkeitstypen mehr oder weniger gut für bestimmte Motivierungsstrategien. Gewissenhafte, analytisch-rationale Typen sprechen am besten auf die ergebnisorientierte Aufgabenmotivation an. Unternehmerisch, visionär denkende Mitarbeiter lassen sich am leichtesten in die wirkungsorientierte Motivationsform bringen. Offene und wissbegierige Mitarbeiter mögen die entwicklungsorientierte Aufgabenmotivation besonders, während die sozial-integrative Kontextmotivation am leichtesten von extravertierten und gefühlsorientierten Mitarbeitern verwirklicht wird.

Um die kognitiven Stile von Mitarbeitern zu diagnostizieren, bieten sich eine Reihe von standardisierten Tests an, über die Sarges und Wottawa (2004) einen guten Überblick bieten. Ein auf der PSI-Theorie basierendes Testsystem ist das Entwicklungsorientierte Scanning (EOS). Im Unterschied zu klassischen Persönlichkeitstests, die sich meist auf Einzelmerkmale oder auf einen relativ eng umgrenzten Bereich der Persönlichkeit beschränken, wird ein umfassendes Gesamtbild der Person erfasst. Dieser ganzheitliche Ansatz wird *Scanning* (oder 360° Scanning) genannt, um zum Ausdruck zu bringen, dass wie bei einem Scanner aus dem „Abtasten" vieler Einzelpunkte ein Gesamtbild entsteht. Das auch bei Laien verbreitete Unbehagen gegenüber Persönlichkeitstests beruht oft darauf, dass man schon aus der Lebenserfahrung heraus dem Versuch misstraut, auf Grund des „ersten Eindrucks" von einer Person eine statische Klassifizierung vorzunehmen („Schubladendenken"). Diese Besorgnis wird durch das Scanning ernst genommen. Denn die Kritik ist berechtigt, dass man einem Menschen oft nicht gerecht wird, wenn man ihn auf seine spontan gezeigten Eigenschaften und Verhaltensweisen festlegt (wir sprechen dabei von „Erstreaktion"), so wie sie sich auch in vielen Fragebögen niederschlagen. Dies wurde inzwischen auch durch die Ergebnisse der experimentellen Motivations- und Persönlichkeitspsychologie bestätigt: Menschen, die auf den ersten Blick sehr sensibel wirken, können sich – wenn man sie näher kennenlernt bzw. untersucht – als durchaus robust und stressresistent entpuppen (Kuhl, 2004). Solche Menschen reagieren zwar oft zunächst sensibel, sind vielleicht sogar leicht irritierbar oder verletzbar. Sie „fangen" sich dann aber, wenn sie sich mit dem Erlebten auseinander setzen, und zeigen eine relativ gelassene „Zweitreaktion", die dem flüchtigen Blick ebenso wie der klassischen Persönlichkeitsdiagnostik verborgen bleibt.

Durch das umfassende *360° Scanning* ist gewährleistet, dass eine Vielzahl relevanter Einzelfunktionen der Persönlichkeit geprüft wird und die Beratung eine *echte* Vereinfachung für den Klienten ermöglicht (Emotionale und kognitive Erstreaktionen, durch Selbststeuerungskompetenzen steuerbare Zweitreaktionen, bewusste Ziele und unbewusste Motive u. a.). Es werden deshalb nicht die im Seminarbereich häufig anzutreffenden *Vereinfachungsillusionen* angeboten, die immer schon vorher wissen, was für den Einzelnen gut ist, ohne detailliert alle wichtigen Einzelfunktionen einer Person zu untersuchen. Stattdessen wird auf der Basis des *360° Scannings* eine für den Ratsuchenden einfache Information dadurch ermittelt, dass zunächst alle wichtigen Funktionen von Experten sorgfältig untersucht und dann erst die im *Einzelfall* wichtigsten Funktionen herausgestellt werden, bei denen die größten individuellen Entwicklungschancen zu sehen sind.

Motivation ist ein Geschehen, das mit einem Konzert verglichen werden kann, an dem viele Akteure beteiligt sind. Neben dem kognitiven Stil spielen für die Motivierbarkeit auch die bereits angesprochenen „Big 3" der Motivationsforschung eine entscheidende Rolle. In dem in Abbildung 10 gezeigten System können sie, ähnlich wie Aufgaben und Kontexte aufgefasst werden, da sie unmittelbar die Wahrnehmung beeinflussen.

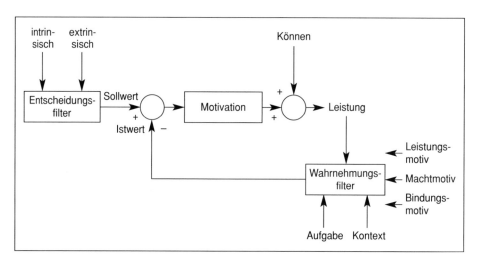

Abbildung 10: Die Wirkung der „Big 3"-Motive (Leistung, Macht und Bindung) auf
                die Arbeitsmotivation

Motive sind neurophysiologisch im limbischen System lokalisierbar (McClelland, 1985). Aus diesen Bereichen des Gehirns kommen die Impulse, die den kognitiven Stilen die Energie liefern. Die im limbischen System gespeicherten Impulse, die Umwelt selektiv wahrzunehmen, die wir als grundlegende Antriebsaggregate des Menschen betrachten, sind nicht-sprachlich kodiert und daher weitgehend unbewusst (Lawrence & Nohria, 2002). Mitarbeiter, die vorrangig ein Motiv haben, tüchtig und effizient zu sein (→ Leistungsmotiv), sprechen daher vor allem auf Aufgaben an. Mitarbeiter, die vorrangig ein Motiv aufweisen, sichere, vertrauensvolle und harmonische Beziehungen aufzubauen (→ Affiliations- oder Bindungsmotiv), achten stärker auf den Kontext. Mitarbeiter, mit dem Motiv, mächtig und durchsetzungsstark zu sein und andere Menschen zu beeindrucken (→ Machtmotiv), versuchen dies häufig über Wettbewerb bei Aufgaben, aber auch über die Beeinflussung des Kontexts; entsprechend sensibel sind sie für diese Aspekte bei der Arbeit.

Diese drei Wahrnehmungsfilter der menschlichen Motivation „wetteifern" um Einfluss auf die individuelle Handlungssteuerung und drücken ihr ihren ganz spezifischen Stempel auf. Dies hat zwei Wirkungen: zum einen prägen die impliziten Motive Bereiche, in denen sich die Motivation entfaltet. Und zum anderen haben sie auch Einfluss auf den Umgang mit Risiko. Entropie (Unsicherheit) hängt u. a. von der Lösungswahrscheinlichkeit bei der Problembewältigung ab (Atkinson, 1957). Weiß man, dass man eine Aufgabe mit einer Wahrscheinlichkeit von 85 % lösen kann, dann beinhaltet diese Aufgabe sehr viel weniger Risiko als eine Aufgabe, bei der die Lösungswahrscheinlichkeit nur bei 50 % liegt. Es konnte experimentell nachgewiesen werden, dass das Leistungsmotiv zu einer eindeutigen Bevorzugung von Aufgaben führt, bei denen die Erfolgswahrscheinlichkeit ca. 50 % beträgt (Atkinson, 1957; Kuhl, 1978b), das Machtmotiv zu einer Wahl von sehr schweren, das Bindungsmotiv dagegen zu einer Bevorzugung von sehr leichten Aufgaben (zusammenfassend s. McClelland, 1985).

Die kausale Beziehung zwischen impliziten Motiven und Risikoneigung lässt sich verhaltensökologisch ableiten (s. Chasiotis, 1999), sie hier zu vertiefen, würde jedoch zu weit führen. Sie lässt sich aber auch inhaltlich durchaus nachvollziehen. Das Machtmotiv führt zu einer besonders hohen Risikoneigung, weil die Erreichung von unwahrscheinlichen Zielen andere in der Regel sehr viel mehr beeindruckt als die Erreichung von wahrscheinlichen. Damit hängt natürlich zusammen, dass das Streben nach Macht und Einfluss etwas mit der Herausforderung von Rivalen zu tun hat, was oft mehr Risiko beinhaltet als eine tüchtige Leistung abzuliefern oder ein harmonisches Klima zu schaffen (Scheffer, 2005). Ein hohes Machtmotiv ist daher besonders günstig, um eine wirkungsorientierte Motivation einzuleiten. Das Bindungsmotiv führt zu einer Sehnsucht nach Sicherheit und Geborgenheit und zu einer Vermeidung von Wettbewerb und Konflikten; entsprechend minimiert es das Risiko in zwischenmenschlichen Beziehungen. Bei gleichzeitig hoher Aufgabenorientierung ist für dieses Motiv eine entwicklungsorientierte Motivation besonders günstig. Überwiegt dagegen die Kontextmotivation, entfaltet sich dieses Motiv am besten bei der integrativen Motivation. Das Leistungsmotiv wiederum führt zu einer Präferenz für eine mittlere Schwierigkeit, bei der die Unsicherheit (Entropie) darüber, ob man Erfolg haben wird, durch Wettbewerb oder schwierige Zielvorgaben zwar noch vorhanden ist, der Erfolg aber dennoch kalkulierbar ist (Atkinson, 1957). Der Punkt maximaler Unsicherheit kann je nach individuellen Leistungsansprüchen auch bei schwierigeren Aufgaben liegen (Kuhl, 1978a). Am besten entfaltet sich das Leistungsmotiv durch eine ergebnisorientierte Motivation.

Die Messung von impliziten Motiven ist eine der anspruchsvollsten Herausforderungen der Diagnostischen Psychologie, da Motive im Kern *implizit* sind und sich deshalb durch direkte Befragung nicht messen lassen (McClelland, 1980; McClelland, Koestner & Weinberger, 1989; Winter, 1996; Winter, Stewart, John, Klohnen & Duncan, 1998). Konsequenterweise haben Motivationsforscher daher auch hierfür *indirekte* Methoden vorgeschlagen, die diesem impliziten, d. h. nicht erfragbaren, Charakter von Motiven gerecht werden sollen. Ein bekanntes Verfahren zur Messung impliziter Motive ist der bereits erwähnte Thematische Apperzeptionstest (TAT), der sich allerdings für einige Zeit gegen starke Kritik behaupten musste. Kritiker dieses Tests haben immer wieder auf dessen mangelnde Reliabilität verwiesen (Entwisle, 1972; Tuerlinckx, De Boeck & Lens, 2002). Andererseits haben Validierungsuntersuchungen gezeigt, dass operante Messmethoden wie der TAT oder OMT eine hohe prognostische Validität insbesondere für Lebensverlaufsdaten wie Aufstieg in der Führungshierarchie (als Funktion des Machtmotivs) oder Qualität persönlicher Beziehungen (als Funktion des Affiliationsmotivs) über Zeiträume bis zu 16 Jahren aufweisen (McAdams & Vaillant, 1982; McClelland & Boyatzis, 1982; Meyer et al., 2001; Spangler, 1992; Scheffer, 2005; Winter et al., 1998). Da die Validität eines Tests von seiner Reliabilität abhängt, kann der TAT angesichts dieser beeindruckenden Befunde für seine Validität eigentlich nicht eine so geringe Reliabilität haben, wie die Kennwerte der Klassischen Testtheorie suggerieren (besonders: Cronbachs Alpha). Die daraus abgeleitete Vermutung, dass die Annahmen der Klassischen Testtheorie für die Motivationsmessung ungeeignet sind (Atkinson, 1981), konnte bestätigt werden: Der TAT zeigt gegenüber anderen Methoden erstaunlich gute Testeigenschaften, wenn man ein stochastisches Messmodell verwendet (Kuhl, 1978b). Da Motivation ein dynamischer Prozess ist, sind auch dessen konstituierende Faktoren (u. a. Motive) bislang weniger zeitstabil messbar als andere Eigenschaften. Deswegen auf sie zu verzichten, wäre aus unserer Sicht jedoch verfehlt. Kein Mediziner würde auf die Blutdruckmessung verzichten, weil sie nicht den Stabilitätskriterien eines rigiden Testmodells entsprechen (wenn der Blutdruck schwankt, dann muss das nicht bedeuten, dass das Messinstrument unzuverlässig ist). Ein Testmodell muss sich dem zu messenden Phänomen anpassen, nicht umgekehrt. Man kann deshalb den Spieß auch umdrehen: Für das Thema dieses Bandes sind Motive, die zeitlich nicht so stabil sind wie Eigenschaften (Big 5), gerade deshalb so wichtig, weil sie sich wegen ihrer geringeren Stabilität leichter verändern und für Trainingszwecke nutzen lassen. Der Grundgedanke der Veränderung ist dabei denkbar einfach: Wichtige implizite Merkmale müssen explizit gemacht werden, damit Fortschritt auf individueller und organisationeller Ebene möglich ist. Dieser Gedanke ist heute auch in der Grundlagenforschung wieder sehr aktuell geworden (Greenwald et al., 2002). Diagnostik und Veränderung von impliziten Motiven sind also zwei Seiten derselben Medaille.

Wir möchten an dieser Stelle den Operanten Motiv Test (OMT) (Kuhl, Scheffer & Eichstaedt, 2003; Scheffer, Kuhl & Eichstaedt, 2003; Scheffer, 2004) vorstellen. Beim OMT werden Testteilnehmer gebeten, sich zu mehrdeutigen Bildern Geschichten auszudenken und in einigen Stichworten aufzuschreiben. Das Aufschreiben von einfachen Assoziationen zu der fantasierten Geschichte wird dabei durch zwei Fragen angeleitet. Die erste Frage bezieht sich auf das, was der handelnden Person in der Geschichte wichtig ist

Diagnostik von Motiven = Veränderung von Motiven

Das Bewusstwerden impliziter Motive verändert diese bereits. Aufgabe von Motivationstrainings ist es daher, unbewusste Motive zu diagnostizieren, dadurch explizit erfahrbar zu machen und diesen Prozess zu begleiten und zu lenken. Experten der Motivationsmessung und -entwicklung schätzen, dass sich bei den impliziten Motiven innerhalb eines Jahres signifikante Veränderungen bewirken lassen. Motivierung sollte daher direkt an den impliziten Motiven ansetzen und sich erst in zweiter Linie auf die sehr viel zeitstabileren Temperamentsfaktoren (wie bspw. Extraversion oder Gewissenhaftigkeit) beziehen.

und gibt meist Aufschluss über die Motivstruktur des Testteilnehmers. Die zweite Frage bezieht sich auf das *Wie* der Umsetzung dieses Motivs, also die damit verbundenen kognitiven Systeme. Auf Grund eines umfangreichen Auswertungsschlüssels lassen sich in der Regel klare Zuordnungen zu den im 2. Kapitel dargestellten Grundmotiven „Leistung, Macht und Bindung" und deren Umsetzungsstil treffen.

Eine sinnvolle Ergänzung dieser impliziten Motivmessungen ist dabei der Abgleich von impliziten mit expliziten Motivmaßen. Die *Übereinstimmung* zwischen expliziten und impliziten Motiven scheint ein wichtiger Indikator für emotionales Wohlbefinden und Erfolgspotenzial zu sein (Brunstein, Schultheiss & Grässmann, 1998; Koestner, Lekes, Powers & Chicoine, 2002; Sheldon & Elliot, 1999; Sheldon & Kasser, 1995). Natürlich findet man auf Grund der geringen Korrelation zwischen expliziten und impliziten Motivmaßen fast genauso oft Personen, die ihre Motive gut beurteilen können, wie Personen, deren bewusste Einschätzungen von ihren unbewussten Motiven abweichen. In der Praxis ist es nicht immer möglich, differenzierte Motivmessungen zu erheben. Wir sind der Auffassung, dass aufmerksame Beobachtung ein nicht zu unterschätzender und in der Praxis oft genug der einzig mögliche Weg ist, auf die Motive anderer zu schließen. Die direkte Beobachtung lässt sich durch Wissen über wichtige „Symptome" der drei Motive (L, M, B) präzisieren. Berücksichtigen muss man dabei allerdings, dass alle drei Grundmotive um die Oberhand bei der Verhaltenssteuerung konkurrieren und nicht selten zwei oder gar drei Motive gemeinsam in den Verhaltensstrom eingreifen. Im Nachfolgenden wird eine Typologie für verschiedene mögliche Motivkombinationen beschrieben, die es Praktikern erleichtern soll, durch Verhaltensbeobachtung auf vorherrschende Motive zu schließen. Nicht unwichtig ist dabei auch der folgende Aspekt: Der eigene Motivationstyp bestimmt nicht nur ganz wesentlich die Art und Weise, wie wir uns selbst motivieren können, sondern auch, wie wir andere motivieren. Insofern ist es für die Motivierung von Mitarbeitern klug, sich über die eigenen unbewussten Motive im Klaren zu sein.

Wie in Abbildung 10 (S. 68) gezeigt, wirken die drei Motive gemeinsam auf die Wahrnehmung ein und beeinflussen dadurch indirekt Motivation und Verhalten. Je nachdem, ob bei einer Person nur ein Motiv, zwei oder gar alle drei Motive stark ausgeprägt sind, lassen sich daher bei ihr bestimmte Verhaltensmuster erkennen. Dieses spezifische Verhaltensmuster, das sich natürlich mit den vorher beschriebenen vier Motivationsformen überlagern kann, wird im folgenden Abschnitt für jede Konfiguration (hohe bzw. nied-rige Ausprägung der drei Motive) beschrieben. Das Verhalten dieser Motivationstypen unterscheidet sich dabei natürlich je nach der funktionalen Rolle als Vorgesetzter oder Mitarbeiter.

3.3.1 Machtvolle Gestalter (nur das Machtmotiv ist stark ausgeprägt)

Sie interpretieren mehrdeutige soziale Situationen vor allem unter dem Aspekt der Hie-rarchie und gehören damit zu den „Alpha-Tieren", den Menschen, die sich in jedem Fall durchsetzen wollen und sich nur ungern anderen unterordnen. Sie sind glücklich, wenn sie andere steuern und Gefühle beeinflussen können. Wenn sie sich unterordnen, dann nur gegenüber einem wohlwollenden Ratgeber, der Ihnen an Lebenserfahrung und Sta-tus überlegen ist. Ihr Wunsch, andere zu beeinflussen, äußert sich oft auch indirekt und ist Ihnen deshalb vielleicht nicht immer voll bewusst. Zum Beispiel kann sich Macht-motivation durch einen sarkastischen Witz äußern, dessen Wirkung auf andere genossen wird. Machtmotivation kann sich auch darin äußern, dass „die Strippen im Hintergrund" gezogen werden, ohne dass andere das bemerken müssen.

Als *Chef* sind Machtmotivierte eher Manager der alten Schule. Das Miteinander ist kon-fliktfrei, wenn die Gruppenmitglieder ihre Rolle ausführen. Auf kumpelhafte Vertraulich-keit reagieren sie allerdings allergisch. Von Mitarbeitern erwartet ein machtmotivierter Chef, dass sie ihm Recht geben.

Machtmotivierte *Mitarbeiter* versuchen dem Team Ihre Sicht aufzudrücken. Sie sind gute Helfer, um Dinge voranzutreiben. Sie brauchen viel Freiraum, sollten es sich aber gefal-len lassen, wenn der Chef ihre Ergebnisse kontrolliert. Denn machtmotivierte Mitarbei-ter weisen nicht selten Mängel im Detail auf (detailgenaues Arbeiten ist eher für Leis-tungsmotivierte typisch). Sie sind eher eine Person für den großen Wurf, nicht für das kleine Detail. Sie wollen delegieren, um sich dem Wesentlichen widmen zu können. Da-für müssen sie aufsteigen. Für Vorgesetzte können machtmotivierte Mitarbeiter durch-aus eine Konkurrenz werden: Machtmenschen sägen gerne auch mal an ihrem Stuhl. Sie brauchen deshalb klare Grenzen.

3.3.2 Harmonische Teamplayer
(nur das Bindungsmotiv ist stark ausgeprägt)

Sie interpretieren mehrdeutige soziale Situationen vor allem unter dem Aspekt der Sym-pathie oder Antipathie und darum muss für sie vor allem das Klima in der Gruppe stim-men. Sie laufen zu Hochform auf, wenn sie zwischen den Teammitgliedern vermitteln können. Sehr unangenehm finden sie jedoch Ablehnung, Kritik und Disharmonie.

Bindungsmotivierte *Chefs* schätzen ihre Mitarbeiter nicht so sehr nach ihrem Können ein. Bei ihnen zählt stärker, ob jemand den Gruppenzusammenhalt stärkt oder schwächt. Auch wenn dies natürlich ein ganz wichtiger Aspekt der Teamleistung ist, wirkt das manchmal ungerecht auf diejenigen, die Leistung bringen, aber nicht zum engeren Kreis der „Ingroup" zählen. Daraus ergibt sich als Tipp für bindungsmotivierte Vorgesetzte: Wertschätzen und unterstützen Sie auch die Außenseiter. Machen Sie ihnen klar, dass der bei Ihnen gewinnt, der die Vorzüge seines Vorschlags für die Gruppe klar macht. Betonen Sie dabei den Erfolg fürs ganze Team.

Bindungsmotivierten *Mitarbeitern* ist es wichtig, Kollegen nah an sich heranzulassen und sich ihnen zu öffnen. Wer immer sie wieder in Projekte einbindet und ihnen keinen zermürbenden Konkurrenzkampf abverlangt, der hat in ihnen loyale Weggefährten. Ihre Stärken liegen eher in ihrer Dienstleistungsorientierung: Sie kümmern sich sehr gut um Kunden. Das muss sich für sie aber nicht zwangsläufig in steigenden Umsatzzahlen niederschlagen, da sie sich manchmal zu viel Zeit für einzelne Kunden nehmen. Deshalb brauchen Sie feste Regeln, deren Einhaltung immer wieder zu überprüfen ist.

3.3.3 Anspruchsvolle Macher (nur das Leistungsmotiv ist stark ausgeprägt)

Sie interpretieren mehrdeutige soziale Situationen vor allem unter dem Aspekt der Aufgabe. Was zählt, sind Fakten und sonst nichts. Deshalb kennen sie sich in vielen Details aus, wissen oftmals besser als alle anderen Bescheid. Auf andere wirken Sie manchmal sehr ehrgeizig. Dabei geht es ihnen in Wirklichkeit nur um die Sache, die sie zu einem guten Ergebnis führen wollen.

Leistungsmotivierte *Chefs* wollen höchste Qualität und konzentrieren sich voll auf ihre Aufgabe. Sie wirken daher auf andere manchmal kühl und unnahbar. Sie tun gut daran, darauf zu achten, dass bei ihnen nicht nur gute Zuarbeiter punkten. Sie brauchen auch Mitarbeiter, die ihnen helfen, ihre anspruchsvollen Ideen zu verkaufen. Höchste Anerkennung finden bei ihnen Mitarbeiter, die ihnen helfen, die Projektziele im Auge zu behalten und andere Abteilungen einzubinden. Ihnen ist es wichtig, ohne Smalltalk direkt zur Sache zu kommen.

Leistungsmotivierte *Mitarbeiter* sind oft in einer Spezialistenposition und machen sich schnell unentbehrlich. Sie setzen sich ehrgeizige Ziele und fördern den Wettbewerb im Team. Allerdings kümmern sie sich manchmal zu wenig darum, wie sie auf andere Teammitglieder wirken. Tipp: Sie sollten darauf achten, ob sie einzelne Leute im Team durch ihre leistungsorientierte Art verprellen. Sobald das der Fall ist, sollten sie einer offenen Kommunikation Priorität einräumen.

3.3.4 Engagierte Anführer (Leistungs- und Machtmotiv sind hoch)

Sie interpretieren mehrdeutige soziale Situationen vor allem unter dem Aspekt der Effektivität. Sie haben die Qualität Ihrer Arbeit immer vor Augen und kümmern sich mit viel Elan um die erfolgreiche Umsetzung ihrer Projekte. Beziehungen haben dabei eher einen funktionalen Zweck. Sie schätzen das Risiko und eignen sich sehr gut für eine unternehmerische Tätigkeit.

Der engagierte Anführer fordert und fördert als *Chef* seine Mitstreiter, solange es seinen Zielen dient. Wer kreativ ist und Schwung in Projekte bringt, kommt gut bei ihm an. Gleichzeitig tritt er glasklar für seine Interessen ein und sorgt dafür, dass sie von niemandem durchkreuzt werden. Er ahnt durchaus, dass gute Mitarbeiter irgendwann aus seinem Windschatten heraustreten müssen, um selber weiterzukommen. Ein Tipp für diesen Führungstypus: Er tut gut daran, die Mitarbeiter zu fördern, die ebenso engagiert sind wie er selbst, etwa indem er ihnen hilft, Karriere in einer anderen Abteilung zu machen. Dies wird sein Ansehen im Unternehmen noch weiter erhöhen und seine Ideen und seinen Arbeitsstil verbreiten.

Als *Mitarbeiter* zeigt der engagierte Anführer exzellente Leistung, bleibt bei Problemen hartnäckig am Ball, möchte viel bewegen und ist bereit, Risiken einzugehen. Sein Ziel ist es, möglichst schnell in der Hierarchie aufzusteigen. Wer ihm anfangs überschaubare Projekte gibt, bei denen er sich profilieren kann, wird selten enttäuscht.

3.3.5 Ehrgeizige Networker (Leistungs- und Bindungsmotiv sind hoch)

Ehrgeizige Networker („Beziehungsstifter") interpretieren mehrdeutige soziale Situationen vor allem unter dem Aspekt der Teameffizienz. Sie überzeugen durch eine hervorragende Dienstleistungsmentalität und kommen als Person gut im Kunden- und Kollegenkreis an, da diese ihre sachliche Herangehensweise an Probleme und ihre stark ausgeprägte Teamorientierung schätzen. Es geht ihnen nicht darum, sich persönlich zu profilieren. Sie wollen dazu beitragen, dass durch gemeinsame Arbeit Probleme gelöst werden.

Als *Chef* legen ehrgeizige Networker Wert auf eine gute Stimmung in ihrer Abteilung. Ebenso wichtig ist ihnen die eigene Leistung und die der Teammitglieder. Man darf sich bei ihnen jedoch nicht täuschen. Nur weil sie oft nett wirken, sind sie in Bezug auf Leistung nicht nachsichtig. Sie schätzen einen herzlichen Umgang und bei passender Gelegenheit auch einmal ein Kompliment. Schlecht kommt bei ihnen jedoch ein aufgesetzt geäußertes Lob an. Wichtig ist ihnen, im Umgang miteinander ganz authentisch zu bleiben.

Als *Mitarbeiter* sind ehrgeizige Networker die ideale Ergänzung für die Gruppe. Sie sind ehrgeizig, wollen inhaltlich gut sein und sägen nicht am Stuhl des Teamleiters. In der Führung sind Sie anspruchsvoll, erwarten gleichzeitig persönliche Herausforderungen und eine gute Betreuung. Bei schlechter Führung distanzieren Sie sich immer mehr von dem Vorgesetzten.

3.3.6 Freundliche Strategen (Bindungs- und Machtmotiv sind hoch)

Sie interpretieren mehrdeutige soziale Situationen vor allem unter dem Aspekt sozialer Kontakte. Sie sind perfekte Strippenzieher, haben sich ein gut funktionierendes Beziehungsgeflecht aufgebaut und wissen sich durchzusetzen. Meist genügt dafür ihre gewinnende Art, aber wenn die nicht weiter hilft, können sie auch härtere Töne anschlagen.

Als *Chef* ist der freundliche Stratege nett und ein hilfreicher Mentor. Er ist aber auch ein Fuchs. Er weiß sehr genau, wie man Leute für sich verpflichtet und sie später auch nutzt. Man sollte ihn nie unterschätzen und ihm keinen Konkurrenzkampf aufzwingen, denn dann wird er seine überlegene soziale Intelligenz berechnend einsetzen. Wer ihn aber gezielt um Rat fragt, der bekommt immer eine freundschaftlich gemeinte Antwort. Er hat durchaus Sympathie für Leute, die selbst kungeln. Ganz in der Überzeugung: „Die haben verstanden, wie es im Geschäftsleben läuft."

Als *Mitarbeiter* will der freundliche Stratege mitreden, meldet sich zu jeder Arbeitsgruppe (in der man etwas bewegen kann) und ist angenehm im Umgang. Aber er ist auch jemand, der sich für das Große und Ganze zuständig fühlt, nicht aber fürs Abarbeiten anstehender Aufgaben. Am besten nutzt man seine Fähigkeiten, wenn es auf taktische Beziehungspflege ankommt. Bei der Tagesarbeit helfen nur klare Vorgaben und eine stete Kontrolle der Ergebnisse.

3.3.7 Kraftvolle Antreiber (alle drei Motive sind hoch)

Sie interpretieren mehrdeutige soziale Situationen sehr flexibel und können sich auf fast jede Situation in Windeseile einstellen. Sie haben ein unerschöpflich erscheinendes Reservoir an Energie, sehr breite Interessen und wollen ihrer Umgebung ihren Stempel aufdrücken. Beziehungen, Aufgaben und Status sind ihnen gleichermaßen wichtig. Sie verfügen über eine intuitive soziale Intelligenz.

Als *Chef* tragen kraftvolle Antreiber charismatische Züge, die durch ehrgeizige Ziele und visionäre Strategien geprägt sind. Obwohl sie auch hart, unnachgiebig und dominant sein können, verfügen sie über Charme und erreichen andere meist auf eine verbindliche und freundliche Art. Dabei können sie sich auf die unterschiedlichsten Teammitglieder einstellen und sie dauerhaft motivieren. Komplexe und vieldeutige Situationen machen ihnen keine Angst, sondern fordern sie heraus. Sie sind stressresistent und robust und können mit Unsicherheit umgehen. Doch Vorsicht: Ihr extrem hohes Energieniveau kann auch dazu führen, dass sie nicht zur Ruhe kommen, ständig unter Strom stehen und sich in einer Vielzahl von Projekten und Ideen verlieren.

Als *Mitarbeiter* gehören kraftvolle Antreiber dem Typus des „High Flyers" an. Sie machen in jeder beruflichen Rolle und Funktion sehr bald eine gute Figur und überzeugen mit ihrem Auftreten und ihrer Leistung Kollegen und Vorgesetzte. Dies löst aber nicht nur Bewunderung sondern auch Neid aus. Sie sind deshalb gut beraten, ihre Flexibilität und soziale Intelligenz zu nutzen, um mit denen, die ihre kraftvolle Vitalität mehr fürchten als schätzen, nach- und weitsichtig umzugehen. Es ist wichtig, dass sie darauf vertrauen, dass sie auch diese Personen auf ihre Seite ziehen können.

3.3.8 Ruhige Genießer (alle drei Motive sind niedrig)

Sie interpretieren mehrdeutige soziale Situationen vor allem unter dem Aspekt innerer Ruhe und Kontemplation. Hierarchie, zu große Nähe und ein übertriebener Leistungsehrgeiz sind ihnen unangenehm. Viel lieber genießen sie die vielfältigen Anregungen ihrer Umwelt und lassen sich nicht auf Einzelaspekte wie Karriere oder Status reduzieren. Sie sind angenehme, freundliche Mitstreiter, die ungern Konflikte suchen und einen ruhigen, strukturierten Arbeitsablauf lieben. Manchmal kann dieses Bedürfnis nach Ruhe, Harmonie und Struktur jedoch auch bequemliche Züge annehmen.

Als *Chef* leben ruhige Genießer von loyalen Mitarbeitern. In unübersichtlichen Situationen brauchen sie die tatkräftige Unterstützung des Teams und bieten so Talenten den Raum, den sie zur Entfaltung benötigen. Schwierig wird es für sie allerdings, wenn Teammitglieder ihre Autorität herausfordern. Häufig fehlt es ihnen in solchen Situationen an „Bissfestigkeit" oder sie verweisen auf ihre formale Rolle. Sie sind gut beraten, sich Führungs- und Motivationstechniken anzueignen, die ihnen über solche schwierigen Situationen hinweg helfen.

Als *Mitarbeiter* profitieren ruhige Genießer vor allem von ihren fachlichen Qualifikationen, die sie stetig und ohne großes Aufheben von sich selbst zu machen einsetzen. Sie brauchen eine klare Struktur bei ihrer Arbeit und möchten ihre Energie nicht durch Grabenkämpfe im Team, unklare Hierarchien oder übertriebene ehrgeizige Zielsetzungen vergeuden. Es ist ihnen wichtig, die Teammitglieder zu unterstützen und sie stellen ihre eigenen Interessen hinter die der Gruppe zurück. Doch Vorsicht: Diese scheinbare Bedürfnislosigkeit lädt andere dazu ein, sie auszunutzen. Es ist wichtig, dass sie lernen, ihre Ansprüche und Vorstellungen klar zu äußern und auch durchzusetzen.

3.3.9 Vielseitige Ausprobierer
(alle drei Motive sind mittelstark ausgeprägt)

Sie interpretieren mehrdeutige soziale Situationen sehr genau. Sie wollen die Wahrheit auch in undeutlichen Situationen erkennen und nicht den Dingen ihre persönliche Sicht aufdrängen. Dies macht sie zu präzisen Beobachtern der Wirklichkeit, die in allen Bereichen eingesetzt werden können, die sich erproben möchten und die die Welt in ihrer Vielseitigkeit kennen lernen wollen. Der Wunsch, neutral zu bleiben, nimmt ihnen aber auch die Zielstrebigkeit, sich für bestimmte Dinge klar zu entscheiden. Sie sind gut beraten, sich ruhig einzugestehen, alles aus ihrer Wahrnehmung auszublenden, was sie nicht wollen und stärker nach dem zu streben, was ihnen wichtig ist.

Als *Chef* sind vielseitige Ausprobierer ideale Mentoren für ein großes, schwer steuerbares Team, das sich weitgehend selbst organisiert. Sie glauben daran, dass Mitarbeiter sich selbst motivieren können und vertrauen auf die tatkräftige Unterstützung des Teams. Sie bieten so allen Mitarbeitern Raum, sich zu entfalten. Schwierig wird es für sie allerdings, wenn glatte, klare Führung von ihnen verlangt wird. Häufig fehlt es ihnen in solchen Situationen an Eindeutigkeit. Ihre Ziele wechseln dann zwischen klarer Führung, harmonischem Teamgeist und Aufgabenorientierung. Vorsicht: Mitarbeiter können ihnen das als „Wankelmütigkeit" auslegen. Sie tun gut daran, sich klar für einen angestrebten Kurs zu entscheiden und an diesem bis zur Zielerreichung festzuhalten.

Als *Mitarbeiter* schätzt man die Vielseitigkeit dieses Typus. Sie eignen sich für viele verschiedene Funktionen und können besonders gut in Krisenzeiten einspringen. Diese

Vielseitigkeit kann aber dazu führen, dass sie sich keine tiefgreifende Expertise aneignen und damit langfristig ihrer Karriere schaden. Sie sollten deshalb darauf achten, dass sie sich durchsetzen und ihre Interessen offen und klar äußern.

3.4 Zusammenfassung

Bevor ein guter Arzt oder Therapeut mit der Behandlung beginnt, bemüht er sich um eine umfassende und möglichst präzise Diagnose. Ohne eine wissenschaftlich abgesicherte Diagnose können die eingeleiteten Vorgehensweisen richtig oder zumindest nicht schädlich sein, man „operiert" dann aber buchstäblich im Wahrscheinlichkeitsraum. Im schlechtesten Fall können Behandlungen, die nicht an den Ursachen, sondern nur an Symptomen ansetzen, sogar Schaden anrichten. Für ein labiles Phänomen wie die Motivation gilt dies in besonderem Maße.

Wir haben deshalb bewusst seht ausführlich argumentiert, dass die Methode der Befragung alleine nicht weiterhilft. Die Motivation von Mitarbeitern muss zumindest auch durch indirekte Methoden gemessen werden. Mit der BES-Methode erhält man eine verhaltensbasierte Messung der Motivation von Mitarbeitern durch Vorgesetztenurteile (ideal ist ein 360°-Ansatz). Durch operante Motivtests kann die Veranlagung von Mitarbeitern für bestimmte Motive erfasst werden. Ergänzt werden diese indirekten Methoden durch explizite Maße wie der Befragung. Nach Brunstein (2004) ist die fehlende Übereinstimmung zwischen impliziten und expliziten Motiven für die Motivation besonders kontraproduktiv. Man stelle sich eine Person vor, die sich explizit sehr anspruchsvolle Ziele setzt, deren Erreichung es erfordert, andere Menschen für sich zu gewinnen. Wenn diese Person implizit nur ein geringes Machtmotiv haben würde, dürfte ihr auf längere Sicht die Energie fehlen, sich gegen andere durchzusetzen, was sie auf Dauer in dysfunktionalen Stress bringen und demotivieren könnte.

4 Vorgehen bei der Steigerung von Motivation im Unternehmen

Nach einer gründlichen Analyse des Ist-Zustandes der Motivation, können Personalverantwortliche zur Tat schreiten. In diesem Kapitel sollen die Methoden vorgestellt werden, die sich in der Praxis als effektiv erwiesen haben, Ist-Zustände zu verändern (d. h. Ist-Soll-Diskrepanzen zu verringern). Weil die internationale Managementsprache mit englischen Ausdrücken gespickt ist, werden wir uns diesem Trend nicht widersetzen und die wichtigsten Programme in ihrer anglo-amerikanischen Originalbezeichnung vorstellen.

4.1 Darstellung der Interventionsmethoden

Der Struktur dieses Bandes folgend stellen wir zunächst die vier Formen der Motivation und die zu ihnen passenden Interventionsmethoden der Reihe nach vor. In Abschnitt 4.2 werden wir dann noch einmal kurz auf die Wirkungsweise dieser Methoden zurückkommen, die wir im zweiten Kapitel bereits angedeutet haben. Diese Wirkungsweise wird auch den Blick dafür schärfen, unter welchen Konstellationen die Methoden *nicht* wirken oder sogar Schaden anrichten könnten. In Abschnitt 4.3 werden hierzu auch einige Metaanalysen dargestellt, die zeigen, dass die Methoden zwar nachgewiesenermaßen effektiv sind, aber nicht unter allen Umständen. Diese Konstellationen, in denen eine Methode nicht oder nur unzureichend implementiert werden kann, wird uns dann in Abschnitt 4.4 zu den Problemen bei der Durchführung führen.

Zunächst wenden wir uns einer Methode zu, die die wichtigsten praktischen Schlussfolgerungen aus der Erwartungstheorie zieht und damit zur Steigerung der ergebnisorientierten Aufgabenmotivation geeignet ist.

4.1.1 Management by Objectives (MBO)

Überall dort, wo die Diagnostik eine Steigerung der ergebnisorientierten Aufgabenmotivation als sinnvoll erscheinen lässt, ist die klassische Methode der Zielkonkretisierung *(Management by Objectives)* angebracht. Die wichtigste Schlussfolgerung aus der Erwartungstheorie von Vroom (1964, 1995) ist, dass Mitarbeiter größtmögliche Klarheit bezüglich der an sie gestellten Aufgaben brauchen und dass die Erfüllung der damit verbundenen Anforderungen verlässlich zu Belohnungen führen muss. Eine Umsetzung dieses Prinzips finden wir im Prozess des Management by Objectives (MBO) wieder. Es handelt sich dabei um einen Prozess des Setzens von Zielen, der von den über- und untergeordneten Personen eines Unternehmens gemeinsam erarbeitet wird. Durch diesen Zielbestimmungsprozess werden die Unternehmensziele von „oben" nach „unten" vermittelt (vgl. auch Rodgers, Hunter & Rogers, 1993). MBO ist ein Programm, das spezifische Ziele umschließt, die partizipativ erstellt und für einen bestimmten Zeitraum festgelegt wurden, mit konkretem Feedback über die Fortschritte zum Erreichen der Ziele. Es ist eine inzwischen weit verbreitete Führungs- und Motivationstechnik, die erhebliche Vorteile aufweist, da der Schwerpunkt dieser Methode in der Umwandlung bzw. in der Transformation von Gesamtzielen der Organisation in spezifische Ziele für die einzelnen Unternehmensbereiche und individuellen Mitarbeiter und Führungskräfte liegt. Mitarbeiter wissen daher exakt, was von ihnen verlangt wird. Sie vergeuden keine Energie mit unerwünschtem, nicht belohntem Verhalten und können sich ganz auf die Effizienz ihres Tuns konzentrieren, die durch das regelmäßige Feedback weiter gesteigert wird.

Auf eine plakative Formel gebracht bedeutet MBO, dass Ziele gesetzt werden, die „SMART" sind:

Ziele müssen SMART sein:
S (pezifisch): konkret, verhaltensverankert, eindeutig
M (essbar): durch objektives Feedback „beweisbar"
A (nfordernd): schwierig aber realistisch
R (elevant): auch für die Interessen der Mitarbeiter wichtig
T (ime frame): klar definierter Zeitrahmen

Als Zeitrahmen für das Erreichen der gesetzten Ziele wird für gewöhnlich ein Jahr gesetzt, aber auch 3 bis 6 Monate sind üblich. Während dieser Zeit trifft sich der Vorgesetzte in regelmäßigen Abständen individuell mit jedem seiner Mitarbeiter, um die Fortschritte zu überprüfen. Diese Treffen sind eher diagnostischer als rein evaluativer Art. Dabei kann sich herausstellen, dass auf Grund neuer Informationen Ziele modifiziert werden müssen, oder auch, dass zusätzliche Ressourcen notwendig werden. Am Ende des gesetzten Zeitraumes trifft sich jeder Vorgesetzte wiederum mit jedem seiner Mitarbeiter zu einem abschließenden Bewertungsgespräch, um festzustellen, wie gut die gesetzten Ziele erreicht wurden und welche Gründe für etwaige Fehleinschätzungen vorliegen mögen. Ein solches Treffen dient auch dazu, eine Überprüfung der Vorgabedaten und der Leistung durchzuführen, evtl. Gehaltsveränderungen zu bestimmen und den Start für einen neuen MBO-Zyklus im folgenden Jahr festzulegen.

4.1.2 Empowerment/Intrapreneurship

Welche Maßnahmen sind sinnvoll, wenn die Diagnostik eine Steigerung der wirkungsorientierten Kontextmotivation nützlich erscheinen lässt? MBO kann auch für diese Motivationsform eine wichtige Methode darstellen, da auch für die wirkungsorientierte Kontextmotivation Ziele ein wesentlicher Motivationsfaktor sind. Da die Kontextmotivation aber globaler und auch risikoreicher in ihrer Ausrichtung ist als die Aufgabenmotivation, müssen die Ziele herausfordernder und visionärer formuliert werden als für die ergebnisorientierte Aufgabenmotivation (vgl. Baum & Locke, 2004). Wie Klein et al. (1999) zutreffend bemerkt haben, besteht zwischen der Schwierigkeit und der Wirksamkeit von Zielen ein enger Zusammenhang. Herausfordernde, nur schwer realisierbare Ziele sind in der Regel diejenigen, die am meisten auf den Gesamtkontext wirken. Zur Steigerung der wirkungsorientierten Kontextmotivation müssen aus diesem Grund nicht nur ein herausforderndes MBO installiert, sondern auch die richtigen Rahmenbedingungen geschaffen werden, die unter dem Schlagwort *Empowerment* zusammengefasst werden (Weinert, 2004).

Empowerment entspricht einer systematischen Erweiterung der Mitspracherechte von Mitarbeitern, die damit zu *Mitunternehmern* gemacht werden. Auch diese Methode ist weit verbreitet, obwohl sie ursprünglich wohl nur selten als Motivationstechnik eingeführt worden ist. Vielmehr sind Unternehmen auf Grund tief greifender, struktureller Veränderungen der Märkte in den vergangenen Jahrzehnten zunehmend dazu übergegangen, die Arbeit ihrer Mitglieder nicht mehr innerhalb starrer Hierarchien zu organisieren, sondern stärker auf die Effizienz von Matrix-Strukturen und einer team- oder projektbasierten Arbeitsorganisation zu setzen. Dieser Umstrukturierung liegt der Wunsch zu Grunde, flexibler auf die schärferen Wettbewerbsbedingungen in einer globalisierten und sich technologisch immer schneller verändernden Wirtschaft reagieren zu können. Teil des Empowerment ist auch das „Downsizing", durch das die Anzahl der Organisationsebenen erheblich reduziert sind. Heutige Unternehmen sind im Vergleich zu den stärker bürokratischen Organisationen des 20. Jahrhunderts erheblich flacher geworden. Dies hat für jene Mitarbeiter und Führungskräfte, die noch vorhanden sind, zu erheblich komplexeren und verantwortlicheren Tätigkeiten geführt. Flachere Organisationen erleichtern es insbesondere Nachwuchskräften, relativ früh das Feedback zu erlangen, Effekte erzielen zu können.

Organisationen haben über die Jahre mit vielen verschiedenen Techniken experimentiert, um das Empowerment unter ihren Mitarbeitern und Führungskräften zu fördern (vgl. Weinert, 2004). Dabei haben die „Qualitätszirkel" als integrative Technik ein besonderes Maß an Aufmerksamkeit erhalten. Eine andere, inzwischen breit angewandte Methode des Empowerments von Mitarbeitern ist der Einsatz von Arbeitsteams. Dies können sowohl „Autonome Arbeitsgruppen" sein oder auch sog. „cross-functional teams". Auch hier ist die Grundidee, dass Mitarbeiter mehr und mehr zu Mitunternehmern werden, die sich um den Kontext der Aufgabenerfüllung selbst kümmern, also sich gegenseitig motivieren, kritisieren und Mitarbeiter sogar einstellen und entlassen können. Erkauft wird diese größere Freiheit jedoch mit einer erheblich gesteigerten Verantwortung des Einzelnen für den Erfolg der Unternehmenseinheit bzw. des „profit centers" und damit mit mehr Risiko. Und hier liegen auch die Grenzen der Anwendung dieser Methode, auf die wir später noch näher eingehen werden: Nicht jeder möchte das mit dem Empowerment erheblich gesteigerte Herausforderungsniveau übernehmen – man braucht für diese Motivationstechnik schon die passende Mitarbeiterschaft.

Wenn Organisationen Mitarbeiter durch Empowerment zu Unternehmern machen, dann schaffen sie ein Klima des *Intrapreneurship*. Intrapreneurship ist eine Abwandlung des Begriffs Entrepreneurship (Pinchot, 1985). Er soll ausdrücken, dass das für Unternehmer typische Muster aus Initiative, Risikobereitschaft und organisierender Tatkraft auch innerhalb bestehender Organisationen eine wichtige Rolle von Angestellten sein kann. Ein Intrapreneur ist also ein in einem bestehenden Unternehmen angestellter Entrepreneur. Auch Intrapreneure nehmen Einfluss auf die Kultur ihres Unternehmens, besonders auf diejenigen, die ihre Vision, etwas Neues zu schaffen, teilen. Und sie teilen die gleichen Werte: Individualität, Unabhängigkeit und Erfolg (Hisrich, 1990). Zwar tragen sie nicht ganz so viel Risiko, wie selbstständige Unternehmer – nach Statistiken der Small Business Administration scheitern 75 % aller Geschäftsideen – aber auch bei ihnen spielt der Umgang mit dem Risiko eine Schlüsselrolle.

Empowerment: Kritik und Best Practice

Argyris (1998) hat den Nutzen von Empowerment angezweifelt, da es nach seinen Beobachtungen in der Praxis nur halbherzig durchgeführt wird nach dem Motto: „Mach ruhig dein Ding – aber auf die Art, die wir sagen." Außerdem vertritt er die Auffassung, dass Empowerment in der Praxis eine extrinsische Motivation und nicht (wie oft intendiert) eine intrinsische bewirkt. Seiner Auffassung nach ist Empowerment ein wirkungsvolles Tool, wenn die extrinsischen Entscheidungsfilter dieses Programms offen zugegeben und nach folgendem Ablaufschema eingeführt werden:
– Festlegen eines Zielkorridors
– Festlegen einer dazu passenden Strategie
– Festlegen betrieblicher Arbeitsprozesse zur Umsetzung der Strategie
– Festlegen individueller Arbeitsanforderungen

Intrapreneure werden durch traditionelle korporative Kulturen, die kein oder nur wenig Empowerment vornehmen, demotiviert (Hisrich, 1990). Traditionelle korporative Kulturen (die aber nicht zu verwechseln sind mit den noch unflexibleren bürokratischen Organisationen) haben ein Klima und Belohnungssystem, das konservative Informationsverarbeitung favorisiert. In ihnen wird viel Wert darauf gelegt, zuerst große Mengen an Daten zu sammeln, um sich abzusichern. Intuitive Vorgehensweisen und die damit verbundene Initiative sind durch zahlreiche hierarchische Hürden erschwert.

Eine Kultur, die Intrapreneure motiviert, ist ganz anders: Dort werden Visionen, Ziele und Handlungspläne entwickelt, Aktionen umgesetzt und belohnt. Vorschläge, Versuche und Experimente gefördert, kreative Entwicklungen werden begrüßt, egal in welchem Bereich sie entstehen. Hierarchien und etablierte Prozeduren werden abgebaut. Stattdessen werden Netzwerke, Teamarbeit, Sponsoren und Mentoren propagiert. Barrieren zwischen Abteilungen werden eingerissen, damit der Austausch von Ideen auch multidisziplinär oder funktionsübergreifend gelingt. Neue Ideen und Technologien werden unterstützt. Fehler und Fehlschläge werden als Chance zum Lernen interpretiert.

Ein Klima, das für Intrapreneurship Voraussetzung ist, lässt sich nach Hisrich (1990) durch folgende Merkmale charakterisieren:

Merkmale eines Klimas für Intrapreneurship

1. Experimentieren und an den Grenzen der Technologie operieren
2. parameterfrei arbeiten, auf klare Vorgaben und Strukturierung verzichten
3. Ressourcen unbürokratisch zur Verfügung stellen
4. multidisziplinäre Kommunikations- und Teamstrukturen aufbauen
5. Belohnungssysteme schaffen, die nach einer gewissen Zeit den Einfluss von Teammitgliedern auf den Unternehmenserfolg berücksichtigen (am besten auch über Anteile)
6. Die Teilnehmer ein Projekt bis zur Vollendung durchführen lassen, nur breite Performanzziele setzen, die sich aber auch flexibel ändern lassen
7. Intrapreneurship muss vom Top-Management überzeugend unterstützt werden
8. Klare, schonungslos offene Diskussionen zulassen

In der Praxis hat sich gezeigt, dass Empowerment- und Intrapreneurship-Programme häufig mit monetären Anreizprogrammen verknüpft werden müssen. Insbesondere flexible, leistungsorientierte Vergütungsformen sind motivatorisch positiv einzuschätzen, wie beispielsweise variable Leistungszulagen und eine Erfolgsbeteiligung. Dabei kann das Vergütungssystem ganz unterschiedlich ausgeformt werden, um tatsächlich als Vehikel der Mitarbeitermotivation zu dienen. Auch kann der variable Anteil an eine Vielzahl von Voraussetzungen geknüpft werden: Umsatz, Gewinn, Kursziele oder Qualifikation. Die Auswahl hängt von der Beeinflussungsmöglichkeit, vom gewünschten Leistungsverhalten und auch von der Differenzierbarkeit ab. Psychologisch lässt sich die bessere Wirkung *leistungsorientierter* Vergütungsformen schon aus der Theorie von Vroom (1964, 1995) ableiten.

Neben den klassischen Erfolgsausschüttungen (Prämien, Umsatz- und Gewinnbeteiligung) haben v. a. Mitarbeiterbeteiligungsmodelle bei Intrapreneurship-Programmen große Bedeutung erlangt. Hierbei wird ein individuell vereinbarter Teil der Vergütung als (stille) Unternehmensbeteiligung angelegt und/oder es werden Anreize zur aktiven Beteiligung gegeben, zum Beispiel durch vergünstigten Aktienerwerb. Bei Führungskräften mit hohem strategischen Einfluss auf die Unternehmensentwicklung werden sog. „Long-Term-Incentives" als Vergütungsinstrumente verwendet. Das sind in der Regel Optionen, die nach Ablauf einer festgelegten Zeit, zwei, drei oder auch fünf Jahre, zum Erwerb von Aktien berechtigen. Unternehmensbeteiligungsmodelle werden in einer fast unübersehbaren Vielzahl angeboten.

Nicht vergessen werden darf, dass Geld auch ein Ausdruck von Status ist, und Status für viele Menschen durchaus einen Anreiz darstellt. Insbesondere für wirkungsorientiert Motivierte ist im Bereich der Macht- und Durchsetzungsmotivation Geld und Prestige oft der einzige Indikator dafür, ob sie einen Effekt auf den Kontext ausüben konnten. Die Rolle des Geldes darf also in motivationaler Hinsicht nicht kleingeredet werden. Dennoch kann man Sprenger (1999) zustimmen, wenn er bemerkt, dass Unternehmen häufig gerade ihren Spitzenmanagern zu viel zahlen und zu wenig fordern. Geldverdienen an sich ist tatsächlich eine der wenigen Tätigkeiten, die nach Csikszentmihalyi (1997) keinen

„Flow" auslösen, und es kann bei Machtmotivierten ungünstige Eigenschaften wie Narzissmus und einseitiges Statusstreben verstärken (McClelland, 1975). Geld sollte als Motivator daher dosiert eingesetzt werden und in jedem Fall in einer kontingenten, klaren und auch für andere nachvollziehbaren Art und Weise an konkrete Leistung gekoppelt sein. Das ist allzu oft gerade in Spitzenpositionen nicht zu erkennen. Fixierte Bestandteile der monetären Belohnung müssen stimmen, darüber braucht man nicht zu diskutieren. Gute Arbeit muss auch gut bezahlt werden, auch bei scheinbar „einfachen" Tätigkeiten.

4.1.3 Job Enrichment und Job Enlargement

Für die Stärkung der intrinsischen (entwicklungsorientierten) Aufgabenmotivation ist es entscheidend, dass die Aufgaben so gestaltet werden, dass dadurch inneres Wachstum und Persönlichkeitsentwicklung möglich wird (v. Rosenstiel, 2001). Zwei (eng miteinander verbundene) Methoden haben dabei weite Verbreitung gefunden. Beim *Job Enrichment* werden Arbeitsrollen durch Umstrukturierungsmaßnahmen vertikal komplexer und herausfordernder gestaltet. Beim *Job Enlargement* werden Arbeitsrollen horizontal erweitert und dadurch abwechslungsreicher, vielfältiger und ganzheitlicher. Grundlage beider Methoden ist die Theorie von Herzberg et al. (1967), die wir in ihren wichtigsten Prinzipien im folgenden Kasten kurz zusammengefasst haben.

Stärkung der entwicklungsorientierten Aufgabenmotivation durch Veränderung des Arbeitsplatzes

1. Mitarbeiter sollten mehr Kontrolle und Selbstständigkeit erhalten

2. kleine, spezialisierte Aufgaben sollten in größere Einheiten zusammengefasst werden

3. es sollten möglichst „natürliche" Arbeitseinheiten gebildet werden, bei denen man einen Gesamtüberblick über das Produkt bekommen kann

4. Mitarbeiter sollten direkt mit internen und externen Kunden in Verbindung treten können

5. Mitarbeiter sollten kontinuierliches, verhaltensnah formuliertes und konstruktives Feedback für ihre Leistung erhalten

6. Mitarbeiter sollten bei der Arbeit möglichst viele Eindrücke und Erfahrungen machen können, die ihnen die Möglichkeit geben zu lernen sowie neugierig und offen zu bleiben bzw. zu werden

---

Überschneidungen mit der Methode des Empowerments sind offensichtlich. Dennoch unterscheiden sich die beiden Methoden in ihrem Fokus: Job Enrichment und Enlargement setzen an der Aufgabe an, Empowerment an der Gestaltung des Aufgabenkontextes. Der noch wichtigere Unterschied betrifft aber die Rolle von Zielen bei den beiden Methoden. Während Empowerment unbedingt mit herausfordernden Zielen bzw. Elementen des MBO gekoppelt werden sollte, ist dies bei Job Enlargement und Enrichment nicht zwangsläufig der Fall. Wichtigster Entscheidungsfilter hierbei ist nämlich zunächst nicht die Steigerung der Effektivität, sondern die Steigerung der Kreativität durch das Wecken von Neugierde und Interesse. Das an strategischen Unternehmenszielen orientierte MBO wie auch die im Empowerment inhärente „kommunizierte Vision" (Baum & Locke, 2004) soll letztlich den Wettbewerb innerhalb des Unternehmens durch Messbarkeit von Zielerfüllung steigern. Dieser Ansatz ist dadurch mit dem Steigern der entwicklungsorientierten Aufgabenmotivation durch „mastery goals" letztlich inkompatibel (Elliot & Dweck, 1988). Auf diesen problematischen Aspekt der Inkompatibilität verschiedener Motivationsmethoden sind wir bereits kurz eingegangen – hieran wird vor allem deutlich, wie wichtig im Vorfeld konkreter Vorgehensweisen eine exakte Analyse der bestehenden Motivation ist.

Auch wenn Maßnahmen des Job Designs nicht immer und für jeden gleichermaßen wirksam sind, kann man doch mit ihnen erstaunliche Effekte erzielen, wenn sie bei den richtigen Personen eingeführt werden. Eine dieser in bestimmten Fällen höchst wirksamen Methode ist die *Job Rotation*, die immer dann angezeigt ist, wenn für Mitarbeiter eine starke Routine in der Arbeit zum Problem wird, weil sie Langeweile bis hin zum aggressiven Überdruss auslöst. Job Rotation besteht aus einem lateralen „Austausch" der Arbeitsrolle, um Langeweile zu vermeiden. Gewöhnlich wird ein Mitarbeiter dann in periodischen Abständen von einer Aufgabe zur nächsten versetzt. Dies bringt mehr Vielfalt – und häufig auch eine vielfältigere Einsetzbarkeit mit sich. Daneben zeigen sich allerdings auch Nachteile: Job Rotation erhöht die Trainings- und Ausbildungskosten: Der Mitarbeiter bewegt sich immer dann in eine neue Position, wenn er am produktivsten ist und die höchste Effizienz erreicht hat. Insbesondere Unternehmen, die sich in Umbruchphasen befinden, müssen darauf achten „eine Kontinuität der Köpfe" in wichtigen Positionen zu gewährleisten (v. Rosenstiel & Comelli, 2003).

Die wichtigste Maßnahme bleibt daher das vertikale „Laden" der Aufgabe mit Komplexität (Herzberg, 2003). Durch diese wachsende Komplexität der Aufgabe werden Mitarbeiter zum Problemlösen und Lernen herausfordert. Insbesondere Personen, die auf Grund einer sensitiven Wahrnehmung und einer gefühlsbasierten Art zu entscheiden eine Aufgabe mit allen Sinnen begreifen wollen, profitieren vom vertikalen Laden (Comelli & v. Rosenstiel, 2003). Eine schlichte Anreicherung von Aufgaben mit immer mehr Arbeitsdruck verfehlt dagegen langfristig ihre Wirkung. Mehr Komplexität ist ein qualitativer, kein quantitativer Aspekt von Aufgaben, der auf das Fähigkeitsniveau einer Person zugeschnitten sein sollte und genügend kreative Spielräume enthalten muss, damit die Aufgaben letztlich auch gelöst werden können.

Zusammenfassend seien hier noch einmal die sieben Prinzipien des vertikalen Ladens aufgelistet (Herzberg, 2003, S. 58):
– Kontrollen abschaffen, aber Verantwortlichkeiten beibehalten,
– Verantwortung des Einzelnen ausdehnen,
– vollständige Arbeitseinheiten zuteilen (einen Funktionsbereich, ein Modul, ein bestimmtes Gebiet etc.),
– mehr Befugnisse und Unabhängigkeit geben,

- Feedback geben,
- schwierige und neue Aufgaben einführen,
- Mitarbeitern ermöglichen, sich zu Experten zu entwickeln.

4.1.4 Corporate Culture

Schon bei der wirkungsorientierten Motivation basiert die Vorgehensweise auf der Veränderung der Kontextbedingungen. Dies gilt noch verstärkt bei der sozial-integrativen Kontextmotivation. Diese steigert man nicht, wenn man die Aufgaben verändert. Wenn den diagnostischen Befunden zufolge eine Steigerung der sozial-integrativen Motivation angezeigt ist, bietet die *Corporate Culture* geeignete Mittel: Der wichtigste Wahrnehmungsfilter der sozial-integrativen Motivation ist ein Gerüst gemeinsamer Werte und Normen, die das gegenseitige Vertrauen unterstützen. Die Implementierung einer solchen Corporate Culture aus geteilten Werten und Normen ist nicht über Nacht zu bewerkstelligen. Dennoch können Personalverantwortliche einige wichtige Schritte initiieren.

Als erster Schritt sollte die „soziale Informationsverarbeitung" im Unternehmen beeinflusst, jedenfalls nicht dem Zufall überlassen werden. Die Werte und Überzeugungen des Unternehmens sollten formuliert und kommuniziert werden. Sie können so einen Rahmen für die Positionsbestimmung und das Realitätsgefühl der Mitarbeiter nach innen und außen bilden, Informationen liefern über das, was die Organisation von anderen unterscheidet und mit anderen verbindet, und so ein „Wir-Gefühl" schaffen. Darauf aufbauend sollte Transparenz im Hinblick auf soziale Belohnungen und Bestrafungen hergestellt werden. Menschen wollen von anderen akzeptiert und anerkannt werden, und sie neigen deshalb dazu, sich so zu verhalten, dass sie diese Erwartungen in ihrem Arbeitsumfeld erfüllt bekommen. Klare Leitlinien für dasjenige Verhalten, durch das er/sie Akzeptanz, Respekt und Anerkennung findet, unterstützt dieses Bedürfnis und vermeidet Reibungsverluste. Es ist übrigens bekannt, dass Gruppennormen häufig eine erheblich stärkere Wirkung auf das Verhalten und die Arbeitsleistung ihrer Mitglieder haben als die traditionellen Führungs- und Organisationsstrukturen (Weinert, 2004). Ohne geteilte Normen und Werte ist keine *Reziprozität* im Sinne eines gemeinsamen Gefühls einer ausgeglichenen Balance zwischen Geben und Nehmen möglich. Reziprozität ist nach Adams (1963) das entscheidende motivatorische Element der korporativen Kultur.

Natürlich ist Reziprozität in gewissem Ausmaß für alle Mitarbeiter wichtig. Wie sehr allerdings auch Ungleichheit akzeptiert wird, hängt ganz wesentlich auch von der Persönlichkeit der Mitarbeiter ab. Viele der Aspekte aus der Methode des *Empowermets/ Intrapreneurship* steigern eher die Ungleichheit zwischen Mitarbeitern und können daher einer sozial-integrativen Motivation sogar schaden. Dennoch gibt es Aspekte des Empowerments, die auch bei der Implementierung einer Corporate Culture helfen.

Eine besonders wirkungsvolle Maßnahme, um das Vertrauen der Unternehmensführung in die Mitarbeiter zu demonstrieren ist die Einführung flexibler Arbeitszeiten. Besonders die intrinsischen Motivationsformen streben nach eigenem Rhythmus, der auf Grund des starken Zugangs zum Extensionsgedächtnis deutlicher gespürt wird. Da sich Kreativität nicht auf Kommando abrufen lässt, spricht im Grunde nichts gegen eine hohe Flexibilität bei den Arbeitszeiten, solange Mitarbeiter ihre Arbeit gut und im Sinne des Unternehmens machen und durch die modernen Medien wie E-Mail und Handy für andere erreichbar sind. Auch mit dieser Maßnahme könnten Führungskräfte mehr experimentieren, weil besonders kreative Motivationstypen auch einmal einen anregenden „Tapetenwechsel" brauchen, ewig gleiche Abläufe schnell zu einem Übermaß an Sicherheit führen und daher eine nicht unerhebliche Motivationsbarriere für sie darstellen können.

Besonders sozial-integrative Motivationstypen brauchen eine gewisse Flexibilität bei der Gestaltung ihrer Arbeitszeit. Die erschreckend hohen „Burnout"-Raten in den helfenden Berufen haben viel damit zu tun, dass „Gefühlsarbeit" auf Abruf kaum authentisch durchgehalten werden kann und das künstliche Herstellen von Empathie langfristig zu einer inneren Leere führt (Enzmann & Kleiber, 1989; Dunkel, 1988). Aus Sicht der PSI-Theorie ist das plausibel, denn integrative Arbeitsfunktionen sind sowohl an das EG als auch an die IVS gebunden (Tabelle 7, S. 38) und benötigen daher sehr viel positive Stimmung (siehe Abbildung 2; beide Systeme werden durch positive Stimmung aktiviert bzw. durch negative Stimmung gehemmt). An Tagen, an denen man sich schlecht fühlt, kann es daher aus funktionsanalytischer Sicht unmöglich sein, echte Gefühlsarbeit zu verrichten, etwa wenn man sich emotional mit den Normen, Werten und Visionen des Unternehmens im Einklang fühlen soll. Mangelnde Identifikation ist dann kein böser Wille fauler Mitarbeiter, sondern die objektive Beeinträchtigung einer mentalen *Funktion*. Zwar kann man positiven Affekt auch heraufregulieren, wie wir im dritten Kapitel mit dem Zielumsetzungs-Regelkreis gesehen haben, aber manchmal ist es vielleicht das Beste, eine Weile Abstand von der Gefühlsarbeit zu nehmen, um Energie tanken zu können. Personalverantwortliche von sozialen Institutionen könnten die Gefahr von „Burnout" durch mehr Flexibilität bei den Arbeitszeiten reduzieren. Dies gilt aus unserer Sicht ausdrücklich auch für den Schulbereich, der durch seine sehr hohe zeitliche Durchstrukturierung eigentlich keine guten Voraussetzungen zum Lehren und Lernen bietet. Natürlich ist uns aber bewusst, dass diese Gedanken unter den Bedingungen harter Sparmaßnahmen wohl utopischer denn je sind. Aber die Motivationsforschung hat sich nicht nach verkrusteten gesellschaftlichen Strukturen zu richten, sondern sollte nachdrücklich darauf verweisen, dass der größte Feind bestimmter Formen der Motivation eine bis ins letzte vorgegebene Arbeitszeitregelung ist.

„Burnout" als Symptom permanenter „Gefühlsarbeit"

Burnout bezeichnet einen Zustand, der durch emotionale Erschöpfung und Abstumpfung gegenüber anderen gekennzeichnet ist. Burnout kann zu völliger Arbeitsunfähigkeit führen und findet sich vor allem in sog. „helfenden" Berufen. Als eine Ursache von Burnout wird die permanente Notwendigkeit zu „Gefühlsarbeit" in vielen sozialen Berufen angesehen.

Ein weiterer Grund für mehr Flexibilität bei Arbeitszeiten ist die Notwendigkeit, Frauen noch viel stärker als bisher in die Erwerbswelt einzubinden. Schon auf Grund der ungünstigen demografischen Entwicklung, die die meisten westlichen Industrienationen etwa ab dem Jahre 2010 mit voller Wucht treffen wird, kann es sich unsere Gesellschaft bald nicht mehr leisten, auf gut ausgebildete Frauen im Beruf zu verzichten. Da diese jedoch noch immer viel zu oft zwischen Karriere und Mutterschaft entscheiden müssen, sind Personalverantwortliche zunehmend aufgefordert, flexible Lösungen für ihre Mitarbeiterinnen zu schaffen. Dies gilt nicht nur für die Arbeitszeiten, sondern auch für den Arbeitsplatz. Die Wirtschaft hat sich zum Teil schon auf das Bedürfnis nach Flexibilität ihrer Mitarbeiter eingestellt und Programme wie Gleitzeit, Tauschbörse, Langzeiturlaub, Cafeteria-Systeme, Telearbeit usw. erfolgreich eingeführt. Einen kompakten Überblick über diese Maßnahmen und weiterführende Literatur zu diesem Thema findet man bei v. Rosenstiel (2001, S. 36 ff.).

Gemeinsame Werte und eine gemeinsame gelebte Kultur sind im Grunde nichts „Metaphysisches" sondern werden oft durch konkrete Schritte wie der Gewährung größerer Flexibilität zu Gunsten einer besseren Vereinbarkeit von Familie und Beruf begründet. Die Eröffnung einer betriebsinternen Kindertagesstätte kann jedenfalls die Corporate Culture nachhaltiger beeinflussen als Hochglanzbroschüren, auf denen lediglich formulierte Werte aufgelistet werden.

Werte müssen gelebt werden, sonst werden sie unglaubwürdig. Der für eine Kultur wichtigste Wert kann nach Adams (1963) die Chancengleichheit und Gerechtigkeit sein. Aber auch andere Werte können bei der Schaffung einer Unternehmenskultur im Vordergund stehen. Am deutlichsten wird dies bei einer der auch interkulturell wohl erfolgreichsten Strategien, eine motivierende Corporate Culture einzuführen, die unter dem Namen Total Quality Management (TQM) bekannt geworden ist (vgl. d'Iribarne, 2002). Total Quality Management steht für die Idee, dass Qualität der wichtigste und verbindlichste Wert eines Unternehmens sein sollte, über den eine Vielzahl von Verhaltensweisen und Einstellungen motiviert werden. Qualität sollte das Anliegen aller sein und die ganze Organisation durchdringen – vom Augenblick der Anlieferung der Rohmaterialien bis zu dem Moment, an dem das Endprodukt das Werk verlässt. Letztlich gewährleistet Qualität, dass zwischen Unternehmen und Kunden Reziprozität besteht: die Kunden bezahlen angemessen und das Unternehmen tut alles dafür, dass der Kunde mit der erhaltenen Ware so zufrieden wie möglich ist.

Total Quality Management, dass dieses kundenorientierte Reziprozitätsempfinden unterstützt, ist ein prozessorientiertes System, das auf der Überzeugung gründet, dass Qualität einfach eine Frage der Ausrichtung an den Erfordernissen der Kunden sei. Diese Erfordernisse lassen sich messen, sodass Abweichungen davon mittels Prozessverbesserung oder -umgestaltung vermieden werden können.

Die European Foundation for Quality Management (EFQM) sieht TQM-Strategien durch folgende Merkmale charakterisiert:
– die Güte aller Management-, Betriebs- und Verwaltungsprozesse,
– eine Kultur der ständigen Verbesserung bezüglich aller Aspekte der Geschäftsaktivität,

– das Verständnis, dass Qualitätsverbesserung zu Kostenvorteilen und einem besseren Gewinnpotenzial führt,
– die Herstellung intensiverer Beziehungen zu Kunden und Zulieferern,
– die Einbeziehung der gesamten Belegschaft,
– marktorientierte Organisationspraktiken.

Die Idee des Total Quality Management wurde in den 50er und 60er Jahren in einer Reihe japanischer Firmen entwickelt. Über die Schilderung von Garvin (1988), wie sich japanische Unternehmen mittels TQM einen großen Vorsprung vor der ausländischen Konkurrenz sicherten – fand die Idee schließlich auch in den Vereinigten Staaten Anklang und wurde dort von vielen Unternehmen übernommen.

In Europa gab es allerdings zeitgleich eine noch umfassendere Strategie, den Qualitätsgedanken als Leitfaden für die Schaffung einer Unternehmenskultur einzuführen. Sie ist unter dem Schlagwort *Qualität des Arbeitslebens* bekannt geworden. Die Qualität des Arbeitslebens ist das Ausmaß, in dem Mitarbeiter in einer Organisation in der Lage sind, wichtige persönliche Bedürfnisse durch ihre Arbeit und Erfahrung mit der Organisation zu befriedigen. Auch hier wird der Reziprozitätsgedanke als Kern eines *psychologischen Kontraktes* zwischen Arbeitnehmer und Arbeitgeber deutlich. Hierzu gehört auch die „Humanisierung der Arbeit" und „Soziotechnische Systeme", d. h., eine optimale Abstimmung und Integration von vorhandener Technik, Bedürfnissen der beteiligten Mitarbeiter und Zielen der Organisation.

Die typischen Charakteristika einer Arbeitsumwelt mit hoher Qualität können wie folgt zusammengefasst werden:

Corporate Culture bedeutet eine hohe Qualität des Arbeitslebens durch:

– Chancengleichheit und Gerechtigkeit
– angemessene und faire Bezahlung
– sichere und gesunde Arbeitsumwelt
– Möglichkeiten des Vorankommens, der Beförderung
– Soziale Integration
– Balance zwischen Arbeit und Privatleben
– Möglichkeit zu menschlichen Beziehungen
– eine Organisation mit sozialer Relevanz
– Mitsprache

Eine hohe Qualität des Arbeitslebens ist selbstverständlich auch ein entscheidender Faktor bei den anderen Formen der Motivation von Mitarbeitern. Insbesondere TQM kann mit seinem Fokus der rationalen Messung und Dokumentation von Qualität beispielsweise auch die ergebnisorientierte Motivation anregen. Der Prozess, geteilte Werte als Grundlage einer gemeinsamen Kultur in den Köpfen der Menschen zu verankern, dürfte dennoch primär die intrinsische Kontextmotivation anregen, wie wir im nächsten Abschnitt noch näher begründen wollen.

4.2 Wirkungsweisen der Methoden

Die Beschreibung der verschiedenen Motivierungsmethoden hat gezeigt, dass die konkrete Ausgestaltung dieser Ansätze sehr viel Erfahrung und Kenntnisse über den jeweiligen Unternehmenskontext erfordert. Bei der Konkretisierung und Implementierung eines Motivationsprogramms kann es darüber hinaus sehr hilfreich sein, genau zu wissen, wie und warum das betreffende Programm funktioniert. Im Folgenden soll anhand der im zweiten Kapitel eingeführten PSI-Theorie erklärt werden, wie die verschiedenen Motivierungsmethoden wirken. Die Merkmale der vier psychischen Funktionen, die die Wirkungsweise von Motivation auf elementarer Ebene begründen, wurden in Abschnitt 2.5.2 genauer beschrieben und sollen daher an dieser Stelle nicht wiederholt werden.

4.2.1 Die Wirkung von Management by Objectives: Vorhersagbarkeit

MBO beruht auf drei zentralen Konzepten, die alle an der Aufgabenstellung für den Mitarbeiter ansetzen: Klarheit, Relevanz und Objektivität der Zielvereinbarung (Rodgers & Hunter, 1991). Wenn wir uns an das im ersten Kapitel dargestellte Motivationssystem zurückerinnern, dann sind beim MBO der extrinsische Bezug und die Aufgabe Ansatzpunkt der Intervention.

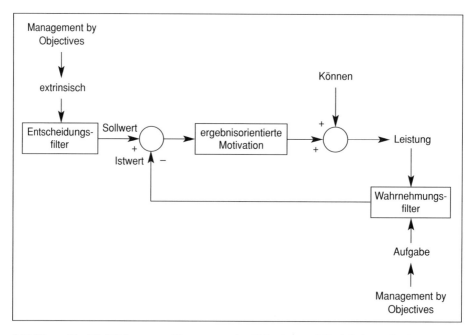

Abbildung 11: Die Wirkung von Management by Objectives auf die Arbeitsmotivation

Die Wirkung von MBO wird durch zwei psychologische Funktionen vermittelt, die wir im Rahmen der PSI-Theorie als *Objekterkennungssystem (OES)* und das *Absichtsge-*

dächtnis (AG) vorgestellt hatten. Durch die gleichzeitige Aktivierung des OES und des AG werden Menschen auf rationales Handeln ausgerichtet. Sie sind bereit, hart und effizient zu arbeiten, wenn die Aufgabenlösung zuverlässig einen persönlichen Nutzen bringt. Dafür muss die Aufgabe klar strukturiert und durch Feedback jederzeit der momentane Zielerreichungsgrad erkennbar sein.

MBO ist eine sehr gute Methode, um diesen Motivationsmodus zu erzielen und aufrecht zu erhalten. MBO ist insbesondere für Personen ideal, die von ihrer Grundpersönlichkeit rational, gewissenhaft und analytisch sind. Im Sinne des Person-Job-Fit-Ansatzes von Holland (1997), nach dem bestimmte Persönlichkeitstypen und Berufsrollen ideal zusammenpassen, ist MBO daher die Motivationsmethode der Wahl für Berufsrollen, bei denen es um die Bearbeitung schwieriger Problemstellungen geht, die sich klar strukturieren lassen und bei denen Lösungen eindeutig messbar sind. Je mehr analytische und gewissenhafte Personen vorhanden sind, desto leichter ist es, ein MBO-Programm zu implementieren. Dabei sollte darauf geachtet werden, dass die „Einschaltbedingungen" für die beteiligten Systeme (OES und AG) optimiert werden: Das Absichtsgedächtnis, das die Hartnäckigkeit der Zielverfolgung unterstützt, wird nur aktiviert, wenn das Ziel als schwierig und anspruchsvoll erkennbar ist oder wenn es zumindest unangenehme Seiten hat. Das AG wird zur Realisierung leichter Ziele nicht benötigt (die können spontan mit der intuitiven Verhaltenssteuerung ohne Planung und Aufrechterhaltung im Absichtsgedächtnis erreicht werden). Das Objekterkennungssystem wird aktiviert, wenn die zu erreichenden Ergebnisse so konkret wie möglich formuliert werden und wenn dazu aufgefordert wird, auf Unstimmigkeiten, Fehler und Risiken zu achten.

Bei Mitarbeitern, die von ihrer Persönlichkeit eher spontan und intuitiv als analytisch und gewissenhaft veranlagt sind, kann die Implementierung der MBO-Methode auf Schwierigkeiten stoßen. Ihnen fällt es nicht leicht, schwierige Ziele wirklich „ernst zu nehmen", d. h. funktionsanalytisch gesprochen: ins Absichtsgedächtnis zu laden. Die PSI-Theorie erklärt, warum das so ist: Die Belastung mit schwierigen oder unangenehmen Zielen reduziert den positiven Affekt, sodass Menschen die auf gute Laune und andere positiven Affekte festgelegt sind, schwierige Ziele und damit verbundene Anstrengungen gern vermeiden, selbst dann, wenn sie sich auf der bewussten Ebene und gegenüber anderen explizit vornehmen, das Ziel zu verfolgen. Dass das Absichtsgedächtnis nicht wirklich mit dem Ziel „geladen" wurde, kann man nicht aus dem Verbalreport dieser Personen ableiten, sondern nur aus ihrem Verhalten (etwa wenn jemand sich nach einigen Wochen gar nicht mehr an seine Absicht oder seine diesbezügliche Zusage erinnern kann). Heute ist auch mit objektiven Methoden messbar, wie stark jemand bei der Formulierung von Zielen wirklich das Absichtsgedächtnis „zuschaltet" (z. B. mit EMOSCAN: www.impart.de).

4.2.2 Die Wirkung von Empowerment und Intrapreneurship: Kommunizierte Vision

Der amerikanische Ausdruck *communicated vision* (Baum & Locke, 2004) beschreibt die kombinierte Wirkung von IVS und AG, die die Wirkung von Empowerment und Intrapreneurship aus funktionsanalytischer Sicht vermittelt, besonders treffend: Durch das

AG sind auch bei dieser Form der Motivation Ziele ein wichtiger Steuerungsmechanismus. Durch die hier dominierende intuitive Art der Wahrnehmung müssen die Ziele aber nicht so konkret und detailliert definiert sein wie bei der Beteiligung des Objekterkennungssystems, die wir bei der MBO-Methode annehmen. Neben dem extrinsischen Bezug steht daher der Kontext im Mittelpunkt dieser Interventionsmtehode.

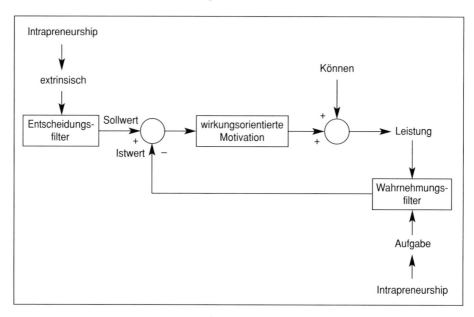

Abbildung 12: Die Wirkung von Intrapreneurship/Empowerment auf die Arbeitsmotivation

Die AG-IVS-Verbindung beim Empowerment bedeutet auch, dass Aufsuchungs- statt Vermeidungsziele formuliert werden sollten: Ohne das OES ist es weder notwendig noch hilfreich, dass das Ziel „negativ" formuliert ist. Vermeidungsziele („Wir dürfen auf keinen Fall das Verkaufziel wieder verpassen") passen besser zum MBO als zum Empowerment. Auch die Fokussierung auf mögliche Risiken, Fehler oder Unstimmigkeiten ist besser für die OES-AG-Verbindung beim MBO als für das Empowerment geeignet. Empowerment funktioniert reibungsloser bei positiv formulierten Aufsuchungszielen („Wir wollen bis zum Jahresende den Verkauf um 10 % gesteigert haben") und durch Fokussieren auf positive Anreize. Risiken und Schwierigkeiten darf es geben, aber sie stehen bei positiver Zielformulierung nicht im Vordergrund, so dass sie die Motivation nicht so leicht dämpfen können.

Die Verfolgung langfristiger, unbestimmter aber in hohem Maße attraktiver Ziele lässt sich am besten in einem Autonomie gewährenden Umfeld aufrechterhalten. Eine Möglichkeit das Autonomiegefühl der Mitarbeiter zu stärken, liegt darin, sie zu Mitunternehmern zu machen. Und das werden sie nur, wenn das Management die langfristigen Visionen des Unternehmens an die Mitarbeiter kommuniziert, sie damit begeistert und ihnen Verantwortung überträgt. Das bedeutet aber keineswegs, dass die Methode des

Empowerment erst ab einem sehr hohen Qualifizierungsniveau wirksam eingesetzt werden kann. Die guten Erfahrungen großer Unternehmen mit teilautonomen Arbeitsgruppen in der Produktion belegen, dass ein Stück mehr Unternehmertum auf praktisch jeder Ebene einer Organisation eingeführt werden kann, wenn sie gut vorbereitet und mit dem richtigen Team durchgeführt wird.

Empowerment ist eine gute Methode für relativ wagemutige Personen mit optimistischer Persönlichkeit, die sich auch im parameterfreien Raum bewegen können, gerne an der langen Leine arbeiten, sich aber gleichzeitig diszipliniert und mit voller Energie einer gewinnbringenden gemeinsamen Strategie widmen können. In Hollands (1997) Modell des Person-Job-Fit sind dies die unternehmerischen Persönlichkeiten. Mitarbeiter müssen andererseits zumindest eine rudimentäre unternehmerische Grundorientierung mitbringen, um mit der Methode des Empowerments motiviert zu werden. Personen mit einer mehr gewissenhaften, ängstlichen oder vermeidungsorientierten Persönlichkeit (d. h. Vermeiden negativer statt Aufsuchen positiver Ergebnisse) brauchen u. U. ein besonderes Coaching oder Training, um vom Empowerment profitieren zu können. Empirische Untersuchungen haben gezeigt, dass positive Anreize bis hin zu Selbstbelohnungsstrategien bei ängstlich-disziplinierten Menschen die Effizienz (z. B. das Umsetzen von Zielen) beeinträchtigen kann (Fuhrmann & Kuhl, 1998).

Aus der Sicht der PSI-Theorie liegt das daran, dass der mit Selbstdisziplin und Vermeidungszielen verbundene negative Affekt (der oft gar nicht bewusst wird) die Selbstwahrnehmung abschwächt, so dass neue Ziele oft nicht hinreichend ins Selbst integriert werden können. Menschen mit hoher Selbstdisziplin haben sich daran gewöhnt, Dinge aus Pflichtgefühl zu erledigen, unabhängig davon, ob sie Spaß machen oder nicht. Wenn nun durch eine positive Motivationsstrategie die Selbstwahrnehmung aktiviert wird, werden dadurch alle möglichen Ablenkungsquellen aktiviert (z. B. alte unerfüllte Wünsche und Fantasien), nicht aber die aktuellen Ziele (die ja auf Grund des negativen Affekts nicht ins Selbst integriert werden konnten). Eine Extremform dieser Dynamik kann man in den Ländern beobachten, die nach dem Fall des Eisernen Vorhangs von der Diktatur in die Demokratie entlassen wurden: Die neue Freiheit bringt keineswegs automatisch eine positiv motivierte effiziente Zielumsetzung. Menschen, die gelernt haben, sich durch Vermeidungsziele und durch Disziplin zu motivieren, müssen zuerst lernen, neue Ziele mit ihrer Selbstwahrnehmung abzugleichen, d. h. immer wieder Selbstkompatibilitätsprüfungen durchzuführen und Ziele, mit denen sie sich nicht identifizieren können, abzulehnen oder – was eine schwierige, aber besonders wichtige Herausforderung für sie ist – die Ziele bzw. Zielvorgaben eigenständig so abzuwandeln, dass sie ins Selbst integriert werden können.

4.2.3 Die Wirkung von Job Enrichment/Enlargement: Neugier und Lernen

Der Mensch strebt schon als Kleinkind nach der Erweiterung seiner Kompetenzen (White, 1959). Entwicklungspsychologisch wird die allgegenwärtige Explorationsneigung des Menschen und anderer Lebewesen durch Neugier angetrieben und durch Furcht gestoppt, vollzieht sich also in einem „Wechselbad" der Gefühle (Bischof, 1985). Diese Gefühle sorgen dafür, dass Mensch und Tier unbekannte Umgebungen auch ohne erkennbare Belohnung erkunden. Natürlich ist Neugier langfristig mit Überlebensvorteilen verbunden, da sie zukünftige Anpassungen erleichtern kann. Beim Menschen hätte es ohne die intrinsische Motivation, Neues auszuprobieren, wohl kaum die bahnbrechenden Erfindungen und damit auch weniger materielle Werte gegeben, die unser modernes Leben so stark prägen.

Csikszentmihalyi (1990, 1997) hat die intrinsische Belohnung für die Neugierde als „Flow" bezeichnet, ein Gefühl, dass sich einstellt, wenn einem eine genau dosierte Herausforderung begegnet, die zwar aufregend ist, jedoch noch nicht zu starke Besorgtheit auslöst. V. Cube (1995, 2003) hat dieser intrinsischen Belohnung von Neugier für die gesunde Persönlichkeitsentwicklung aus pädagogischer Sicht eine grundlegende Bedeutung zugesprochen. Und auch in der Arbeitswelt ist eine stetige, dosierte Herausforderung für die Persönlichkeitsentwicklung von enormer Bedeutung (v. Rosenstiel, 2001).

Erreicht werden kann eine dosierte Herausforderung bei der Arbeit u. a. durch die Methoden des Job Enrichments und Job Enlargements, deren Wirkung funktionsanalytisch durch die kombinierte Wirkung des OES und des EG vermittelt wird. Ihre Wirkung vollzieht sich über das OES, weil die *Aufgabe* im Vordergrund steht; und über das EG, weil das *konkret erfahrbare Feedback aus der Aufgabe* selbst für die Entscheidung herangezogen wird, ob persönliche Fortschritte gemacht werden (→ intrinsischer Bezug; Gagné, Senécal & Koestner, 1997; Hackman & Oldham, 1976; Herzberg et al., 1967). Abbildung 13 verdeutlicht den Ansatzpunkt dieser Intervention.

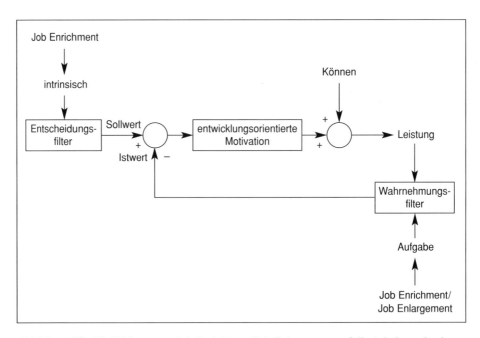

Abbildung 13: Die Wirkung von Job Enrichment/Job Enlargement auf die Arbeitsmotivation

Beim Job Enrichment ist aber die Arbeitsmotivation nicht auf das Erzielen bestimmter Ergebnisse reduziert. Zusätzlich sollen auch intrinsische, aus der Tätigkeit entstehende Anreize die Motivation speisen. Diese Transformation einer extrinsischen (ergebnisorientierten) in eine intrinsische Motivationsquelle macht dann Sinn, wenn die Aufgabe tatsächlich das Potenzial birgt, qualitativ verändert zu werden. Mit diesem qualitativen Aspekt kommt die Funktion des EG ins Spiel. Durch die Zusammenarbeit von Objekterkennung und Extensionsgedächtnis wird eine motivationspsychologische Meisterleistung möglich: Ergebnisorientierte Genauigkeit und Präzision, die sonst nur mit extrinsischer Motivation zu haben ist und damit stark von der Fremdsteuerung abhängt und von eigenen kreativen Kompetenzen abgekoppelt ist, wird mit intrinsischer Motivation verknüpft. Das Extensionsgedächtnis ist ein ausgedehntes Netzwerk einer Vielzahl relevanter Erfahrungen, Anreizmomente, Implikationen und Handlungsmöglichkeiten. Dieses Netzwerk ist bestens geeignet die mit dem Job Enrichment gemeinte Vielfalt erlebbar zu machen. Das funktioniert natürlich nur, wenn die Mitarbeiter auch tatsächlich das *Gefühl* haben, dass ihre Aufgabe wirklich reicher und vielfältiger wird. Diese qualitativen Aspekte können auch als *Motivationspotenzial* einer Aufgabe bezeichnet werden. Abgeleitet aus dem Modell der Arbeitscharakteristika von Hackman und Oldham (1976; 1980) wird aus den Kerndimensionen einer Arbeit deren Motivationspotenzial bestimmt. Die Kerndimensionen dabei sind:

- *Vielfältigkeit der Fähigkeiten/Fertigkeiten* (beschreibt die Anzahl unterschiedlicher Fertigkeiten, über die eine Person zur Ausführung der Arbeit verfügen darf),
- *Identität der Aufgabe* (gibt an, in wie weit eine Person ein identifizierbar zusammenhängendes Stück Arbeit fertig stellen darf),
- *Aufgabensignifikanz* (bezieht sich auf die Bedeutung der Arbeit für die Arbeit und das Leben anderer),
- *Autonomie* (beinhaltet das Maß der persönlichen Freiheit und Unabhängigkeit bei der Arbeit),
- *Feedback* (Rückmeldung aus der Aufgabe selbst über persönlichen Fortschritt der arbeitenden Person).

Die folgende Formel beschreibt, wie sich aus den erwähnten Dimensionen das Motivationspotenzial (MPS) einer Arbeit abschätzen lässt:

$$MPS = \frac{\text{Vielfalt der Fähigkeiten} + \text{Identität der Aufgaben} + \text{Aufgabensignifikanz}}{3} \times \text{Autonomie} \times \text{Feedback}$$

Dabei wird postuliert, dass „Vielfalt der Fähigkeiten", „Identität der Aufgaben" und „Aufgabensignifikanz" in einem additiven Verhältnis zueinander stehen, und sich daher ggf. gegenseitig kompensieren können. „Autonomie" und „Feedback" stehen dagegen in einem multiplikativen Verhältnis, das dies nicht erlaubt.

Die Kerndimensionen der Arbeit stehen dabei in direkter Verbindung mit kritischen Gefühlen, die eine Person bei der Verrichtung einer Arbeit auf der psychologischen Ebene hat:

- *Empfundene Bedeutsamkeit/Sinnhaftigkeit:* Wie wertvoll, sinnhaft und der Mühen wert wird die Arbeit empfunden?
- *Empfundene Verantwortlichkeit:* Wie stark ist das Gefühl der Verantwortlichkeit für die ausgeführte Arbeit?
- *Wissen über die Arbeitsergebnisse:* In welchem Ausmaß wird der Mitarbeiter über den Erfolg und die Wirksamkeit seiner Arbeit informiert?

Sinn ist nur erlebbar, wenn die Selbstwahrnehmung und das für sie wichtige Extensionsgedächtnis gut entwickelt und gut zugänglich sind. Das liegt daran, dass Sinn nicht lokal definierbar ist: Ein einzelner Anreiz (wie eine Gehaltserhöhung), ein einzelnes Ergebnis (wie ein gutes Arbeitsprodukt) verleiht noch keinen Sinn, jedenfalls solange nicht, bis es mit einem *Netzwerk* von sinnstiftenden Bezügen verknüpft werden kann (z. B. wenn die Person spürt, was die Gehaltserhöhung alles für die eigenen Lebensziele und Werte, für die Familie, für die eigene Entwicklung und Selbstverwirklichung oder z. B. auch für verantwortliches Engagement gegenüber Bedürftigen bedeutet). Auch die *Verantwortlichkeit* beruht auf der Wahrnehmung eines ausgedehnten Netzwerks von Bezügen: Wer verantwortlich handelt, hat ein Gespür für die vielfältigen Folgen seines Handelns (wozu ebenfalls der Zugang zum EG erforderlich ist). Das Feedback über die eigenen Arbeitsergebnisse ist die Voraussetzung dafür, dass die eigene Leistung überhaupt in das eigene Erfahrungsnetzwerk eingespeist werden kann: Lernen aus Fehlern ist nur möglich, wenn die Rückmeldung erstens kommuniziert wird und zweitens auch wirklich auf der Ebene der Selbstwahrnehmung (und des EG) ankommt. Alle diese drei psychischen Quellen der Anreicherung der Arbeitsmotivation sind deshalb auf Dauer nur erfahrbar, wenn es der Person gelingt, erlebten Stress zu bewältigen (wie erinnerlich hemmen übermäßiger Stress und negativer Affekt den Zugang zur Selbstwahrnehmung und zum EG). Die hier erforderliche affektregulatorische Kompetenz wurde mit dem Konstrukt Handlungsorientierung ausführlich untersucht (Kuhl & Beckmann, 1994; Kuhl & Kazén, 2004; Martens & Kuhl, 2004). Menschen, die mit den vielfältigen Stressoren und Ängsten des Alltags nicht gut fertig werden können, die vielleicht sogar über die eingetretene unangenehme Lage nachgrübeln müssen statt sich neuen Handlungsmöglichkeiten zuzuwenden (d. h. „Lageorientierte"), brauchen u. U. ein Affektregulationstraining, um von Job-Enrichment-Maßnahmen wirklich profitieren zu können.

Die Diskussion der drei psychischen Quellen der intrinsischen Aufgabenmotivation weist auf einen funktionalen Ort dieser Motivationsform hin: Intrinsische Motivation entsteht in dem psychischen System, das in der Lage ist, die Vielfalt persönlich relevanter Lebenserfahrungen zu verarbeiten und das daraus resultierende Netzwerk von bedürfnis- und wertgerechten Handlungsmöglichkeiten simultan wahrnehmbar zu machen. Dieses System meinen wir, wenn wir von Selbstwahrnehmung oder kurz vom „Selbst" sprechen. Der Eindruck, dass intrinsische Motivation aus der Tätigkeit erwächst, ist demnach – genau genommen – eine Illusion, die darauf beruht, dass das Selbst seine Arbeit unbewusst verrichtet: Es findet sich in diesem Netzwerk immer wieder irgendwo ein positiver Aspekt, ein Anreizmoment oder etwas Sinnstiftendes, das die Aufgabenmotivation steigert. Das Selbst ist somit buchstäblich der Wahrnehmungsfilter der „Selbstmotivierung" (Kuhl & Koole, 2005). Dieser Aspekt, der durch das EG und die mit ihm verbundene Selbstwahrnehmung vermittelt wird, ist für die Bewältigung von Frustration, die durch die Anreicherung von Aufgaben zwangsläufig entsteht, enorm wichtig: Je stärker die Unsicherheit bei der Beschäftigung mit Aufgaben wächst, deren Komplexität zunimmt, desto unwohler fühlen sich Mitarbeiter in traditionellen Berufen in der Regel zunächst (Wright & Cordery, 1999). Die Bewältigung dieser Unsicherheit ist eine der zentralen Kompetenzen des EG und der mit ihm verbundenen affektregulatorischen Kompetenzen (Kuhl, 2001).

4.2.4 Die Wirkung von Corporate Culture: Gemeinsame Werte

Kultur kann als ein System expliziter und impliziter Normen und Regeln verstanden werden, die die täglichen Interaktionen der Mitglieder einer Kultur leiten (Triandis, 1994; 1997). Das Miteinander wird dadurch bedeutsam erleichtert, selbstverständlicher und reibungsloser, so dass eine geteilte Kultur einen Überlebensvorteil für alle Mitglieder bedeutet, die sich an den expliziten und impliziten Normen orientieren. In den stark individualistisch geprägten Kulturen des Westens zerfällt die Kultur jedoch immer mehr in viele Subkulturen, sodass ihre lenkende Wirkung zu Lasten der individuellen Persönlichkeit zurückgeht. In kollektivistischen Kulturen sind die geteilten Werte dagegen als Antriebsaggregat des Einzelnen wichtiger als die individuellen Persönlichkeitsmerkmale (Markus & Kityama, 1991). Dies mag erklären, warum die Implementierung einer neuen Unternehmenskultur insbesondere in kollektivistischen Kulturen einen bedeutsamen Motivationsschub bewirken kann (d'Iribarne, 2002).

Wie bereitwillig sich jemand in die impliziten und expliziten Normen der Kultur (die ja der umfassendste Kontext unseres Handelns ist) einpassen kann, hängt aber letztlich wieder mit den psychologischen Funktionen zusammen, die eine Person präferiert. Ein betonter Individualismus, der auf die Bedürfnisse anderer keine Rücksicht nimmt, ist eher zu erwarten, wenn eine Person die rational-analytischen Funktionen präferiert. Das liegt daran, dass die linke Hemisphäre des Gehirns, die analytische Funktionen unterstützt, nicht – wie die rechte Hemisphäre – durch große, integrationsstarke neuronale Netzwerke, sondern durch eine Vielzahl von einzelnen Modulen charakterisiert ist, von denen jedes auf eine eng umgrenzte Funktion spezialisiert ist (z. B. einen Buchstaben oder einen Laut zu erkennen oder ein Wort auszusprechen). Diese Spezialisierung (die ja in der Tat in individualistischen Kulturen ihre Entsprechung in der großen Zahl von Spezialisten hat) führt zu einer „Konkurrenz der Spezialisten" und einer Entweder-Oder-Logik. Es dürfen nicht zwei oder mehr Spezialisten bzw. Module gleichzeitig dieselbe Leistung erbringen wollen (das gäbe sehr rasch Interferenzen und chaotische Resultate). Wenn das System so funktioniert, dass möglichst immer der Spezialist, der für eine Aufgabe am besten geeignet ist, die Oberhand gewinnt, müssen alle anderen in Frage kommenden Module gehemmt werden (man spricht von „lateraler Hemmung"). Dies ist der „technische" Grund dafür, dass es sehr einseitig analytischen Menschen oft schwer fällt, Lösungen zu finden, die viele Gesichtspunkte gleichzeitig berücksichtigen, ganz gleich ob es um die vielen Aspekte geht, die bei einer komplexen Entscheidung verrechnet werden müssen, oder um die vielen Interessen (eigene und fremde), die bei einer sozial-integrativen Haltung zu berücksichtigen sind. Intuitive, gefühlsbetonte Menschen verwenden dagegen besonders oft die beiden intuitiven Funktionen (d. h. EG und IVS), die durch ihre parallele Verschaltung auf die gleichzeitige Wahrnehmung und Berücksichtigung eigener und fremder Interessen spezialisiert sind (Kuhl, 2000).

Die Interventionsmethode, durch die Implementierung einer Corporate Culture gegenseitige Wertschätzung und Reziprozität zu steigern, muss daher am Kontext und dem intrinsischen Bezug bei der Arbeit ansetzen. Abbildung 14 verdeutlicht dies abschließend mit dem bereits mehrfach abgewandelten System aus Abbildung 1.

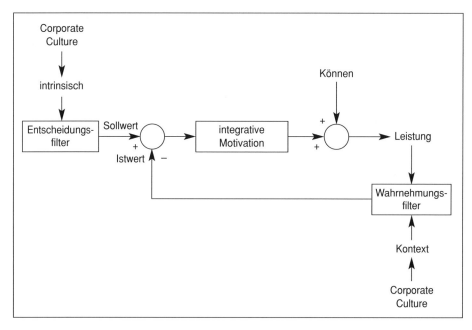

Abbildung 14: Die Wirkung von Corporate Culture auf die Arbeitsmotivation

4.3 Effektivität der Methoden

Was weiß man über die Stärke der Wirkungen der geschilderten Methoden zur Steigerung der Mitarbeitermotivation? Die Wirkungen einzelner Methoden werden aus so genannten Meta-Analysen geschätzt, die eine große Zahl von vergleichbaren Studien zusammenfassen. Diese Meta-Analysen erlauben Rückschlüsse sowohl auf die Effektivität als auch auf die Begrenzungen der Methoden.

In einer Meta-Analyse von Rodgers und Hunter (1991) zeigten sich in 68 der 70 untersuchten Organisationen positive Effekte auf verschiedene Produktivitätsmaße (Organisationsproduktivität, Kostenreduktion, Anwesenheitsverhalten von Mitarbeitern) durch die Einführung von MBO. Am größten war die Wirkung von MBO mit 46,7 % auf die Produktivität der Organisation, mit 26,1 % gefolgt von der kostenreduzierenden Wirkung. Am geringsten war die Wirkung auf die Erhöhung der Anwesenheit von Mitarbeitern mit 24,1 %. Die Resultate für verschiedene Komponenten der Produktivität folgten dabei einem ähnlichen Muster: Die mittlere Steigerung der Produktivität war mit durchschnittlich 44,6 % zwar groß, aber die Standardabweichung (SD) mit 36,8 % ebenfalls. Dies lässt vermuten, dass MBO zwar eine in der Gesamtbilanz wirksame Methode ist, dass ihre Wirkung jedoch in erheblichem Maße durch zusätzliche Variablen beeinflusst wird („Moderatorvariablen").

Als wichtigsten Moderator isolierten Rodgers und Schmidt (1991) das Commitment des Top-Managements (d. h. die Stärke der Selbstverpflichtung auf die eigenen Ziele). Wenn die Unternehmensführung nicht hinter der Einführung von MBO stand, war der Effekt dieser Methode nur noch sehr gering (6 %). Unterstützte das Top-Management dagegen die Einführung von MBO, waren die mittleren Produktivitätsgewinne beeindruckend (56 %). Hinter dem Commitment könnten sich allerdings weitere, von den Autoren nicht erhobene Moderator-Variablen verbergen. Indirekten Aufschluss über diese verborgenen Moderatoren geben die Produktivitätskennzahlen, die durch MBO in der Meta-Analyse besonders positiv, kaum oder sogar *negativ* beeinflusst wurden. Besonders eindrücklich wirkt MBO bei der Reduktion von Fehlern und Qualitätsmängeln, bei der Erhöhung der Anstrengung und der Planungseffizienz. Diese Merkmale stimmen mit den Funktionsmerkmalen der Systeme überein, die nach unserer Analyse an der MBO-Methode beteiligt sind: Das OES unterstützt die Korrektur von Fehlern und Unstimmigkeiten, während das AG die Aufrechterhaltung von Zielen und die damit verbundenen Planungsprozesse fördert (Kuhl, 2001). Kaum eine oder sogar eine (leicht) negative Wirkung wird durch MBO dagegen auf die Verbesserung von Teamprozessen oder zwischenpersönlicher Verhaltensweisen erzielt (ein durchgängig sehr geringer Effekt wurde beispielsweise auf die Qualität und Quantität verschiedener pflegerischer Tätigkeiten von Krankenschwestern festgestellt). Auch diesen Befund können wir nun mit unserem funktionsanalytischen Ansatz erklären: Bei zwischenmenschlichen Verhaltensweisen und Teamprozessen sind die beiden intuitiven Verarbeitungssysteme (EG und IVS) hilfreicher als die beiden analytischen Systeme (Kuhl, 2001).

Dennoch kann als gesichert gelten, dass Personalverantwortliche mit der Einführung von MBO meist in der Gesamtbilanz positive Effekte erzielen. Das verwundert auch aus der funktionsanalytischen Perspektive nicht, weil die Ergebnisorientierung (des OES) und die Zielorientierung (des AG), die durch das MBO gesteigert werden, fast in jedem Unternehmen von zentraler Bedeutung sind. Ein weiterer Grund könnte darin liegen, dass MBO zwar aus der Vroomschen Erwartungstheorie abgeleitet wurde, in der Praxis jedoch Elemente anderer Motivationstheorien übernommen hat. So ist die Zielsetzung bei MBO häufig sehr herausfordernd und von übergreifenden Unternehmensstrategien abgeleitet, so dass damit auch eine unternehmerische Orientierung, die prototypisch für die Motivationsform des zweiten Quadranten ist, angeregt werden kann. Die wichtige Rolle der Relevanz der Zielvereinbarung für die Betroffenen, die besonders durch Partizipation sichergestellt wird, erleichtert es zudem, dass auch die intrinsischen Formen der Motivation durch MBO aktiviert werden.

Eine Meta-Analyse von Van Eerde und Thierry (1996) hat gezeigt, dass die drei Komponenten der Vroomschen Theorie (Valenz, Instrumentalität erster und zweiter Ordnung) nicht multiplikativ, sondern unabhängig voneinander wirken (als „Haupteffekte"). Den durchweg stärksten Effekt auf die Leistung (erfasst durch Vorgesetztenurteile) hatte dabei die Instrumentalität zweiter Ordnung. Die Valenz zeigt dagegen nur eine signifikante Wirkung auf die *Absicht* von Mitarbeitern, besser zu werden, nicht jedoch auf deren tatsächliches Verhalten. Da die Valenz der Mitarbeiter in den Studien nur über einen Selbstbericht erfasst wurde, unterstreicht dies die Notwendigkeit, die Valenz durch indirekte Methoden zu erfassen, die auch implizite Motive messen können.

Den langfristigen Effekt von kommunizierten Visionen auf die Übernahme herausfordernder Ziele und die Produktivität von Unternehmen konnten Baum und Locke (2004) in einer 6-jährigen Längsschnittstudie nachweisen. Die Fähigkeit von Unternehmern, diese Visionen zu kommunizieren, hing wiederum von deren Persönlichkeitsmerkmalen (Überzeugungskraft, Durchhaltewillen und passionierter Arbeitsorientierung) ab. Dieser Befund verdeutlicht, dass der Einsatz einer Motivationstechnik alleine nicht ausreicht; die Motivationstechnik muss zu dem Persönlichkeitstyp der motivierenden (!) wie zu denen der zu motivierenden Mitarbeitern passen.

Eindrucksvoll klingt auf den ersten Blick eine Meta-Analyse von Utman (1997), die den Effekt von Lernzielen („mich gegenüber meinen früheren Leistungen verbessern") im Vergleich von Performanzzielen („besser sein als andere") auf verschiedene Leistungsmaße untersuchte. Wie erwähnt soll eine durch Lernziele geprägte intrinsische (entwicklungsorientierte) Aufgabenmotivation durch Bedingungen wie Job Enrichment und Abwesenheit von Wettbewerbsorientierung ausgelöst werden. Die Meta-Analyse ergab eine positive mittlere Effektgröße über verschiedene Performanzmaße hinweg von $d = .53$.[3] Dies entspricht einer moderaten Effektgröße, die allerdings einen erheblichen betriebswirtschaftlichen Wert bedeuten kann. Allerdings war in der Studie von Utman (1997) auch ein Moderatoreffekt wirksam, und zwar die Komplexität: Während die Leistung bei einfachen Aufgaben durch Lernziele sogar leicht negativ beeinflusst wurde $(d = -0,3)$, war der Effekt bei komplexen Aufgaben mit $d = 1,18$ groß.

Einschränkend muss zu dieser Studie bemerkt werden, dass die meisten der berichteten Ergebnisse in einem akademischen Milieu zu Stande gekommen sind. Ein sehr starker Effekt wurde in einer Studie mit $d = 1.77$ beispielsweise auf folgendes Kriterium erzielt: Fragen zu psychologischen Artikeln (wahrscheinlich zu intrinsischer Motivation, Anm. der Verfasser) beantworten zu können! Dieses Kriterium, wie auch eine Reihe anderer in den berichteten Studien (bspw. Anagramme lösen) dürften für das Berufsleben kaum repräsentativ sein, so dass man die für psychologische Maßnahmen erstaunlich hohe mittlere Effektgröße von $d = .53$ relativieren muss, was aber keinesfalls implizieren soll, dass die Motivierung durch Lernziele bei bestimmten Aufgaben äußerst wirkungsvoll sein kann. Dass Lernziele gerade im akademischen Bereich besonders nützlich sind, bestätigt wiederum unseren funktionsanalytisch abgeleiteten Individualisierungsansatz:

---

3   Da es sich bei dieser um ordinal-skalierte Kriterien handelte, wurde Cohen's *d* als Maß der Effektgröße benutzt und nicht der prozentuale Produktivitätszuwachs wie in der Studie von Rodgers und Hunter (1991). Zum Vergleich: Cohen's *d* betrug dort bei den ordinalen Maßen .42, war also etwas geringer als in dieser Studie.

Welche Motivationsmethode Effekte bringt, hängt davon ab, welche Personen bzw. welche Situationen vorfindlich sind. Lernorientierte Personen und lernorientierte Situationen (die beide im akademischen Bereich vermutet werden können) sollten natürlich ganz besonders von entwicklungsorientierten Motivierungsmethoden profitieren.

Eine weitere Meta-Analyse, die sich mit der Reduzierung von Fluktuation beschäftigte, zeigte ebenfalls einen signifikanten Effekt von Maßnahmen, die auf die intrinsische Aufgabenmotivation abzielen. McEvoy und Cascio (1985) zeigten, dass *Job Enrichment* die Fluktuation im Vergleich zu Kontrollgruppen um durchschnittlich 17 % reduziert. Auch wenn dies „nur" einer geringen Effektstärke der Maßnahme entspricht, wird doch der nur schwer schätzbare betriebswirtschaftliche Wert schlagartig deutlich. Unser funktionsanalytischer Ansatz führt diesen Zusammenhang auf die Selbstmotivierungsfunktion zurück, die bei einer Beteiligung des Selbst (mitsamt des EG) gefördert wird: Job Enrichment erhöht demnach dadurch die Vernetzung der Tätigkeit mit zahlreichen Werten, Bedürfnissen und anderen Selbstaspekten, dass es die natürliche Funktion des Selbst unterstützt (d. h. die Verknüpfung einer Tätigkeit mit allen motivations- oder sinnstiftenden Selbstaspekten). Durch die Verknüpfung mit dem Selbst ist allerdings keineswegs ein Selbstmotivierungseffekt garantiert: Falls durch diese Verknüpfung festgestellt wird, dass die Tätigkeit nicht zu den eigenen Bedürfnissen und Werten passt, müsste Job Enrichment sogar zu einer Distanzierung von der betreffenden Tätigkeit führen. Die zitierte Untersuchung bestätigt auch diese Erwartung: Die Fluktuation lässt sich zusätzlich reduzieren (um 9 %), wenn den Mitarbeitern vor der Einstellung eine realistische Sicht auf ihre Aufgaben vermittelt wird (McEvoy und Cascio, 1985). Mitarbeiter, die auf Grund des Job Enrichments (oder auf Grund ihrer Persönlichkeit) eine hohe intrinsische Aufgabenmotivation haben, dürften dadurch u. U. abgehalten werden, gering stimulierende Jobs anzutreten; umgekehrt dürften einige Mitarbeiter ohne „Wachstumsmotiv" (Oldham & Hackman, 1976) dadurch vor einer zu komplexen Aufgabe zurückscheuen.

Bislang nur wenig quantitativ erforscht ist der Effekt der Qualität von Organisationskulturen. Dies liegt sicherlich zum Teil in der Natur der Sache: Die Einführung oder Veränderung von Kultur ist eine „Makrovariable", die sich nur schwer messen lässt. Die Bedeutung von Makrovariablen für die Motivation von Mitarbeitern ist von Organisationspsychologen auf Grund der unklaren Operationalisierung eher vernachlässigt worden, deswegen aber nicht weniger wichtig (Weinert, 2004). Es fällt auf, dass Autoren betriebswirtschaftlicher Zeitschriften mit diesem Feld weniger Berührungsängste zeigen und einer durch gegenseitiges Vertrauen und Reziprozität geprägten Unternehmenskultur einen ganz erheblichen Effekt auf die Mitarbeitermotivation zusprechen (d'Iribarne, 2002; Kets De Vries & Florent-Treacy, 2002). In der psychologischen Literatur wird dieses Thema aus motivatorischer Sicht bislang vor allem unter dem Gesichtspunkt sich wandelnder „psychologischer Kontrakte" diskutiert, denen ein starker Effekt auf die Karriereentscheidung und -gestaltung zugesprochen wird (Hall, 1996).

Zusammenfassend kann man festhalten, dass auf der Basis einer gründlichen Analyse des Ist-Standes der Motivation Folgendes empfohlen werden kann: Regen die zu erfüllenden Tätigkeiten zu wenig die intrinsische Motivation an, dann sollten Lernziele und Job Enrichment als Maßnahmen eingeführt werden, besonders wenn es viele Mitarbei-

ter gibt, die intrinsische Motivation erwarten. Regen die zu erfüllenden Aufgaben zu
wenig die extrinsische Motivation an, so ist MBO die Maßnahme der Wahl, besonders
wenn die Aufgaben ergebnisorientiert angegangen werden müssen und viele Mitarbeiter
extrinsisch motivierbar sind (z. B. bei mehr analytischen als intuitiven Persönlichkeits-
profilen). Soll eine stärkere Kontextmotivation entstehen, dann ist eine Gestaltung des
Umfeldes angesagt. Für eine stärkere unternehmerische Orientierung ist Empowerment
und Intrapreneurship empfehlenswert. Für eine Stärkung des integrativen Zusammenhalts
in einem Unternehmen sollte eine Kultur geteilter Werte kommuniziert und (zunächst auf
bestimmte Felder begrenzt) gelebt werden. Das inzwischen vertraute Vierfelder-Schema
gibt über diese wichtigsten Aussagen des Buches einen Überblick (vgl. Tab. 9):

Tabelle 9: Motivationskategorien, Arbeitsfunktionen und Systemkonfigurationen

	Aufgaben *Analytische Objekt-erkennung (OES)*: Konzentration auf das Wesentliche; Ausblenden des Kontextes	Kontext *Intuitive Verhaltens-steuerung (IVS)*: Wahrnehmung ist hand-lungsbetont und auf den Kontext ausgerichtet
Extrinsisch *Analytisches Absichts-gedächtnis (AG):* Entscheidungen werden auf der Grundlage von Zielen und auf dem Feedback zum derzeitigen Zielerreichungsgrad getroffen	1. *Ergebnisorientierte Motivation* wird durch Management by Objectives (MBO) auf der Basis der Erwartungstheorie (VIE-Theorie) von Vroom gefördert	2. *Wirkungsorientierte Motivation* wird durch Empowerment/Intrapreneurship auf der Basis der Zielsetzungstheorie von Locke und Latham gefördert
Intrinsisch *Intuitives Extensions-gedächtnis (EG):* Entscheidungen werden auf der Grundlage aller relevanten internen und externen Bedürfnisse und Werte getroffen	3. *Entwicklungsorientierte Motivation* wird durch Job Enrichment auf der Basis des Job-Design-Ansatzes von Herzberg gefördert	4. *Integrative Motivation* wird durch die Einführung einer Corporate Culture auf der Basis der Equity-Theorie von Adams gefördert

Bei der Einführung aller Maßnahmen ist sicherzustellen, dass das Top-Management
dahinter steht. Ansonsten muss praktisch jede Maßnahme scheitern. Die Unterstützung
durch das Top-Management wird umso leichter erreicht, je eindeutiger und nachvoll-
ziehbarer die Messung der aktuellen Motivation ist. Hieran wird deutlich, dass die im
dritten Kapitel beschriebenen Maßnahmen zur Messung der Motivation der Mitarbeiter
unbedingte Voraussetzung für den langfristigen Erfolg der in diesem Kapitel vorgestellten Vorgehensweisen sind.

4.4 Probleme bei der Durchführung

Auf zwei Problemfelder sind wir an verschiedenen Stellen in diesem Buch gestoßen: Maßnahmen, die die Motivation von Mitarbeitern erhöhen sollen, müssen
1. vom Top-Management getragen werden,
2. zu den Mitarbeitern passen.

Dieses doppelte *Passungsprinzip* ist in seiner Bedeutung kaum zu überschätzen. Es betrifft sowohl die Persönlichkeit der Führung wie die der Mitarbeiter. Selbst eine so etablierte Methode wie MBO kann ins Leere laufen, wenn Führungskräfte diese Methode ablehnen, da sie ihrer Art zu denken widerspricht oder aus ihrer Sicht nicht zu der Natur der Produkte und Dienstleistungen, die das Unternehmen herstellt, passt (Rodgers & Hunter, 1991). Zumindest eine rudimentäre Analyse der Persönlichkeit der Führungskräfte und der Mitarbeiter erscheint uns daher im Vorfeld der Implementierung von Maßnahmen geboten. Insbesondere die Führungskräfte sollten dabei gut auf ihre sozialen Kompetenzen hin geprüft werden, da Demotivation häufig unabhängig von irgendwelchen offiziellen Motivationsprogrammen auf Grund von persönlichen Schwächen und idiosynkratischem Missmanagement entsteht und aufrechterhalten wird (Wunderer & Küpers, 2003). Der Methode des Assessment-Centers kommt hierbei mit Sicherheit eine Schlüsselrolle zu (Kleinmann, 2003). Darüber hinaus können Personalverantwortliche eine Menge für die Motivation ihrer Mitarbeiter tun, indem sie ihren persönlichen Stil immer wieder neu erkennen und reflektieren (s. dazu den letzten Abschnitt des dritten Kapitels).

Bei all dem darf aber nicht vergessen werden, dass jeder Einzelne auch sich selbst motivieren muss, und man sollte den Einzelnen nicht aus dieser Verantwortung entlassen. Das größte Problem bei der Durchführung kann darin liegen, dass neben dem Fördern das *Fordern* zu kurz kommt (Sprenger, 1999). Erinnert sei in diesem Zusammenhang an den „New Deal" von Präsident Roosevelt, der bekanntlich u. a. forderte, jeder Einzelne solle nicht nur immer daran denken, was der Staat (bzw. die Organisation) für ihn tun kann, sondern vielmehr auch, was man selber für den Staat (bzw. die Organisation) tun kann.

Die Eigeninitiative der Mitarbeiter selbst ist also gefragt! Der letzte Abschnitt dieses Kapitels wird sich daher kurz mit dem Thema Selbstmotivierung beschäftigen (s. dazu ausführlicher Martens & Kuhl, 2004). Dabei geht es insbesondere um die Frage, wie Mitarbeiter sich über „Durststrecken" hinwegbringen können, in denen die Arbeitsbedingungen wenig motivierend sind. Die Forschung zu diesem Thema hat gezeigt, dass gerade die unbefriedigenden Zwischenräume zwischen Zuständen hoher Motivation, also das Erleben von Frustrationen, für die Selbstentwicklung und damit für langfristig hohe Motivation entscheidend sind (Kuhl, 2001).

Für die Bewältigung der in jeder Arbeit zwangsläufig auftretenden Frustrationen sind Selbstmotivierungskompetenzen sehr wichtig (Kuhl & Fuhrmann, 1998). Dieser Begriff hat eine ähnliche Bedeutung wie die im Alltag geläufigeren Begriffe „Willensstärke" und „Selbstdisziplin". Gemeint ist die Fähigkeit, Entscheidungen zu treffen, eigene Ziele zu bilden und sie gegen innere und äußere Widerstände umzusetzen. Wir schließen daher dieses Kapitel mit einem kurzen Abriss der wichtigsten Prinzipien aus dieser Forschung, die wir gerne Mitarbeitern wie Vorgesetzten für die Durstrecken bei der täglichen *Motivierungsarbeit* mitgeben möchten, da ohne die Übernahme persönlicher Verantwortung jedes Einzelnen für das Wohl der Organisation auch die bestvorbereitetsten und -gemeinten Vorgehensweisen wie auch die großzügigsten „Incentive Programme" scheitern müssen (Sprenger, 1999).

So motivieren sie sich selbst:

Die eigenen Motive setzen Kräfte frei. Für den Erfolg aber ist auch die Umsetzung der gesteckten Ziele wichtig. Gutes Selbstmanagement hilft.

Inneren Dialog stärken.

Selbstgespräche führt jeder. Viele aber haben nichts davon. Oft zieht die innere Einkehr nur herunter: „Mist, wieder schlecht gelaufen." Die Motivationsforschung rät zum Umdenken: Entdecken Sie Ihre heimlichen Antreiber. Denken Sie an Personen, die Ihnen im Leben oft helfen. Stellen Sie sich Situationen vor, in denen Sie etwas erreicht haben.

Gefühle äußern.

Viele verbergen im Büroalltag Ärger und Angst. Tipp: Probieren Sie es einfach aus, Gefühle auf Ihre Art zu zeigen. Der Weg dorthin ist einfach: Schauen Sie sich in Konferenzen einmal bewusst um, wie es andere Kollegen machen. Wenn diese Art zu Ihnen passt, können Sie es ruhig kopieren. Der eine nennt Befürchtungen beim Namen: „Davor habe ich Angst." Der andere drückt seine Furcht humorvoll aus: „Davor habe ich Bammel." Wir sollten über unseren Frust reden. Das nimmt den Druck und andere wissen einen richtig zu nehmen.

Vorhaben benennen.

Viele wissen nur sehr vage, was sie wollen. Tipp: Benennen Sie Ihre Ziele mit den drei klassischen *Ws*, d. h. mit Wo, Wann und Wie. Also Klarheit schaffen über Ort, Zeit und die genauen Schritte. Für manche Ereignisse sollten Sie sich einen Plan machen. Für manche Ziele reicht Routine – wie das Jogging für die Fitness. Es passiert mit der Zeit automatisch, unabhängig von der Motivation.

Ziele zu Eigen machen.

Förderlich sind die gesetzten Prioritäten nur, wenn sie zu uns passen und wir dahinter stehen: „Machen sie Sinn?" Wenn ja, sind wir motiviert. Um das herauszufinden, hilft es, einen Coach einzuspannen. Fehlt der, reicht es, sich einen väterlichen Freund vorzustellen. Mit dem kann man auch im Selbstgespräch Motive klären. Das wichtigste für die eigene Motivation ist: *Wissen und Fühlen, was einen antreibt.*

5 Literaturempfehlung

Beurteilung von Motivation und Leistung

Schuler, H. (2004). *Beurteilung und Förderung beruflicher Leistung* (2., vollständig überarbeitete und erweiterte Auflage). Göttingen: Hogrefe.

Empowerment

Argyris, C. (2003). Empowerment – nur eine Illusion? *Harvard Business Manager, 6,* 9–16.
Weinert, A. B. (2004). *Organisationspsychologie. Ein Lehrbuch.* (5., vollständig überarbeitete Auflage). Weinheim: Beltz. Psychologie Verlags Union.

Erwartungen

Livingston, J. S. (2003). Pygmalions Gesetz. *Harvard Business Manager, April,* 65–83.

Job Enrichment

Comelli, G. & Rosenstiel, L. v. (2003). *Führung durch Motivation* (3. Auflage). München: Vahlen.
Herzberg, F. (2003). Was Mitarbeiter in Schwung bringt. *Harvard Business Manager, April,* 50–62.

Motive

McClelland, D. C. & Burnham, D. H. (2003). Macht. *Harvard Business Manager, April,* 84–95.
Scheffer, D. (2005). *Implizite Motive.* Göttingen: Hogrefe.

Selbstmotivierung

Martens, J. U. & Kuhl, J. (2004). *Die Kunst der Selbstmotivierung.* Stuttgart: Kohlhammer.

Überblick über die Grundlagenforschung

Heckhausen, J. & Heckhausen, H. (2005). *Motivation und Handeln.* Berlin: Springer.

Tests zur Messung von Motivation

Sarges, W. & Wottawa, H. (2004). *Handbuch wirtschaftspsychologischer Testverfahren* (2. überarbeitete und erweiterte Auflage). Lengerich: Pabst.

Werte/Visionen

Handy, C. (1997). *Die anständige Gesellschaft. Die Suche nach Sinn jenseits des Profitdenkens.* München: Bertelsmann.
Rosenstiel, L. v. & Comelli, G. (2003). *Führung zwischen Stabilität und Wandel.* München: Vahlen.

6 Literatur

Argyris, C. (2003). Empowerment – nur eine Illusion? *Harvard Business Manager, 6,* 9–16.

Atkinson, J. W. (1957). Motivational determinants of risk-taking behavior. *Psychological Review, 64,* 359–372.

Atkinson, J. W. (1981). Studying personality in the context of an advanced motivational psychology. *American Psychologist, 36,* 117–128.

Atkinson, J. W. & McClelland, D. C. (1948). The projective expression of needs: II. The effect of different intensities of the hunger drive on thematic apperception. *Journal of Experimental Psychology, 33,* 643–658.

Baum, J. R. & Locke, E. A. (2004). The relationship of entrepreneurial traits, skill, and motivation to subsequent venture growth. *Journal of Applied Psychology, 89,* 587–598.

Bischof, N. (1985). Das Rätsel Ödipus: Die biologischen Wurzeln des Urkonfliktes von Intimität und Autonomie. München, Zürich: Piper.

Bischof, N. (1993). Untersuchungen zur Systemanalyse der sozialen Motivation I: Die Regulation der sozialen Distanz – Von der Feldtheorie zur Systemtheorie. *Zeitschrift für Psychologie, 201,* 5–43.

Borman, W. C. (1974). The ratings of individuals in organizations: An alternative approach. *Organizational Behavioral and Human Performance, 12,* 105–124.

Borman W. C. & Motowidlo, S. J. (1993). Expanding the criterion domain to include elements of contextual performance. In N. Schmitt & W. Borman (Eds.), *Personnel selection in organizations* (pp. 71–98). New York: Jossey Bass.

Brayfield, A. H. & Crockett, W. H. (1955). Employee attitudes and employee performance. *Psychological Bulletin, 52,* 396–424.

Brown, S. P. & Peterson, R. A. (993). Antecedents and consequences of salesperson job satisfaction: Meta analysis and assessment of causal effects. *Journal of Marketing Research, 30,* 63–77.

Brunstein, J. C., Schultheiss, O. C. & Grässmann, R. (1998). Personal goals and emotional well-being: The moderating role of motive dispositions. *Journal of Personality and Social Psychology, 75,* 494–508.

Buckingham, M. & Curt, C. (1999). *Erfolgreiche Führung gegen alle Regeln.* Frankfurt: Campus.

Campion, M. A. & McClelland, C. L. (1991). Interdisciplinary examination of the costs and benefits of enlarged jobs: A job design quasi-experiment. *Journal of Applied Psychology, 76,* 186–198.

Chasiotis, A. (1995). Die Mystifikation der Homöostase: Das sozioemotionale Gegenseitigkeitsempfinden als grundlegende psychische Dimension. *Gestalt Theory, 17,* 88–129.

Chasiotis, A. (1999). *Kindheit und Lebenslauf. Untersuchungen zur evolutionären Psychologie der Lebensspanne.* Bern: Huber.

Comelli, G. & Rosenstiel, L. v. (2003). *Führung durch Motivation* (3. Auflage). München: Vahlen.

Csikszentmihalyi, M. (1975). *Beyond boredom and anxiety.* San Francisco: Jossey-Bass.

Csikszentmihalyi, M. (1990). *Kreativität.* New York: Harper & Row.

Csikszentmihalyi, M. (1997). *Dem Sinn des Lebens eine Zukunft geben.* Stuttgart: Klett-Cotta.

Cube, F. v. (1995). *Gefährliche Sicherheit.* Stuttgart: Hirzel.

Cube, F. v. (2003). *Lust auf Leistung.* München: Piper.

Damasio, A. R., Tranel, D. & Damasio, H. C. (1991). Somatic markers and the guidance of be-
havior: Theory and preliminary testing. In H. S. Levin, H. M. Eisenberg & A. L. Benton
(Hrsg.), *Frontal lobe function and dysfunction* (pp. 217–229). Oxford: Oxford University
Press.

Deci, E. L. & Ryan, R. M. (2000). The „what" and „why" of goal pursuits: Human needs and the
self-determination perspective. *Psychological Inquiry, 11,* 227–268.

d'Iribarne, P. (2002). Motivating workers in emerging countries: Universal tools and local adap-
tations. *Journal of Organizational Behavior, 23,* 243–256.

Dunkel, W. (1988). Wenn Gefühle zum Arbeitsgegenstand werden. Gefühlsarbeit im Rahmen per-
sonenbezogener Dienstleistungstätigkeit. *Soziale Welt, 1,* 66–85.

Dweck, C. S. & Leggett, E. L. (1988). A social-cognitive approach to motivation and personality.
Psychological Review, 95, 256–273.

Elliot, E. S. & Church, M. A. (1997). A hierarchical model of approach and avoidance achievement motivation. *Journal of Personality and Social Psychology, 72,* 218–232.

Elliott, E. S. & Dweck, C. S. (1988). Goals: An approach to motivation and achievement. *Journal
of Personality and Social Psychology, 54,* 5–12.

Elliot, A. J. & Thrash, T. M. (2002). Approach-avoidance motivation in personality: Approach and
avoidance temperaments and goals. *Journal of Personality and Social Psychology, 82,* 804–
818.

Epstein, S., Pacini, R., Denes-Raj, V. & Heier, H. (1996). Individual differences in intuitive-
experiential and analytical-rational thinking styles. *Journal of Personality and Social Psychology, 71,* 390–405.

Enzmann, D. & Kleiber, D. (1989). *Stress und Burnout in psychosozialen Berufen.* Heidelberg:
Asanger.

Fuhrmann, A. & Kuhl, J. (1998). Maintaining a healthy diet: Effects of personality and self-reward
versus self-punishment on commitment to and enactment of self-chosen and assigned goals.
Psychology and Health, 13, 651–686.

Gagné, M., Senécal, C. B. & Koestner, R. (1997). Proximal Job characteristics, feelings of empowerment, and intrinsic motivation: A multidimensional model. *Journal of Applied Social
Psychology, 27,* 1222–1240.

Greenwald, A. G., Banaji, M. R., Rudman, L. A., Farnham, S. D., Nosek, B. A. & Mellott, D. S.
(2002). A unified theory of implicit attitudes, stereotypes, self-esteem, and self-concept. *Psychological Review, 109,* 3–25.

Greif, S. & Kluge, A. (2004). Lernen in Organisationen. In: H. Schuler (Hrsg.), *Organisationspsychologie – Grundlagen und Personalpsychologie* (S. 751–825). Göttingen: Hogrefe.

Griffin, R. W. (1991). Effects of work redesign on employee perceptions, attitudes, and behavior.
Academy of Management Journal, 34, 425–435.

Ghorpade, J. (1988). *Job Analysis. A handbook for the human resource manager.* Englewood Cliffs, NJ: Prentice Hall.

Gottfredson, G. D. & Holland, J. L. (1996). *Dictionary of Holland occupational codes.* Odessa, FL: Psychological Assessment Resources.

Gottfredson, L. S. (1997). Why g matters: The complexity of everyday life. *Intelligence, 24,* 79–132.

Gottfredson, L. S. & Richards, J. M. (1999). The meaning and measurement of environments in Holland's theory. *Journal of Vocational Behavior, 55* (1), 57–73.

Hackman, J. R. & Oldham, G. R. (1975). Development of the Job Diagnostic Survey. *Journal of Applied Psychology, 60,* 159–170.

Hackman, J. R. & Oldham, G. R. (1976). Motivation through the design of work: Test of a theory. *Organizational Behavior and Human Performance, 16,* 250–279.

Hackman, J. R. & Oldham, G. R. (1980). *Work redesign.* Reading, MA: Addison Wesley.

Hall, D. T. (1996). *The career is dead – Long live the career.* San Francisco: Jossey-Bass.

Heckhausen, J. & Heckhausen, H. (2005). *Motivation und Handeln.* Berlin: Springer.

Herzberg, F. (2003). Was Mitarbeiter in Schwung bringt. *Harvard Business Manager, April,* 50–62.

Herzberg, F., Mausner, B. & Snyderman, B. (1967). *The motivation to work* (2nd ed.). New York: Wiley.

Hisrich, R. B. (1990). Entrepreneurship/Intrapreneurship. *American Psychologist, 45,* 209–222.

Hogan, J. & Ones, D. S. (1997). Conscientiousness and integrity at work. In R. Hogan, J. Johnson & S. Briggs (Eds.), *Handbook of personality psychology* (pp. 849–870). San Diego: Academic Press.

Holland, J. L. (1997). *Making vocational choices: A theory of vocational personalities and work environments.* Englewood Cliffs, NJ: Prentice-Hall.

Iaffaldano, M. T. & Muchinsky, P. M. (1985). Job satisfaction and job performance: A meta-analysis. *Psychological Bulletin, 97,* 251–273.

Judge, A. T. & Ilies, R. (2002). Relationship of personality to performance motivation: A meta-analytic review. *Journal of Applied Psychology, 87,* 797–807.

Judge, A. T., Thoresen, C. J., Bono, J. E. & Patton, G. K. (2001). The job satisfaction – job performance relationship: A qualitative and quantitative review. *Psychological Bulletin, 127,* 376–407.

Kets de Vries, M. F. R. & Florent-Treacy, E. (2002). Global leadership from A to Z: Creating high commitment organizations. *Organizational Dynamics, 30,* 295–309.

Klein, H. J., Alge, B. J., Wesson, M. J. & Hollenbeck, J. R. (1999). Goal commitment and the goal-setting process: Conceptual clarification and empirical synthesis. *Journal of Applied Psychology, 84,* 885–896.

Klein, S. B., Cosmides, L., Tooby, J. & Chance, S. (2002). Decisions and the evolution of memory: Multiple systems, multiple functions. *Psychological Review, 109,* 306–329.

Kleinmann, M. (2003). *Assessment Center* Göttingen: Hogrefe.

Koestner, R., Lekes, N., Powers, T. A. & Chicoine, E. (2002). Attaining personal goals: Self-concordance plus implementation intentions equals success. *Journal of Personality and Social Psychology, 83,* 231–244.

Komaki, J. L., Collins, R. L. & Temlock, S. (1987). An alternative performance measurement approach: Applied operant measurement in the service sector. *Applied Psychology: An International Review, 36,* 71–89.

Kuhl, J. (1978a). Standard setting and risk preference: An elaboration of the theory of achievement motivation and an empirical test. *Psychological Review, 85,* 239–248.

Kuhl, J. (1978b). Situations-, reaktions- und personbezogene Konsistenz des Leistungsmotivs bei der Messung mittels des Heckhausen-TAT [Consistency of Heckhausen's TAT measure of the achievement motive across situations, response modalities and individuals]. *Archiv für Psychologie, 130,* 37–52.

Kuhl, J. (2000). A functional-design approach to motivation and volition: The dynamics of personality systems interactions. In M. Boekaerts, P. R. Pintrich & M. Zeidner (Eds.), *Self-regulation: Directions and challenges for future research* (pp. 111–169). New York: Academic Press.

Kuhl, J. (2001). *Motivation und Persönlichkeit: Interaktion psychischer Systeme.* Göttingen: Hogrefe.

Kuhl, J. (2004). Was bedeutet Selbststeuerung und wie kann man sie entwickeln? *Personalführung, 37* (4), 30–39.

Kuhl, J. & Beckmann, J. (1994). *Volition and personality: Action versus state orientation.* Seattle/Göttingen: Hogrefe.

Kuhl, J. & Fuhrmann, A. (1998). Decomposing self-regulation and self-control: The Volitional Components Inventory. In J. Heckhausen & C. S. Dweck (Eds.), *Motivation and self-regulation across the life span* (pp. 15–49). New York: Cambridge University Press.

Kuhl, J. & Henseler, W. (2004). Entwicklungsorientiertes Scanning (EOS) [Development-oriented personality scanning]. In L. v. Rosenstiel & J. Erpenbeck (Hrsg.). *Handbuch der Kompetenzmessung.* Heidelberg: Spektrum Akademischer Verlag.

Kuhl, J. & Kazén, M. (2004). Handlungs- und Lageorientierung: Wie lernt man, seine Gefühle zu steuern? In J. Stiensmeier-Pelster & F. Rheinberg (Hrsg.), *Tests und Trends: Motivation.* Göttingen: Hogrefe.

Kuhl, J. & Koole, S. (2005). Wie gesund sind Ziele? Intrinsische Motivation, Affektregulation und das Selbst. In R. Vollmeyer & J. C. Brunstein (Hrsg.), *Motivationspsychologie und ihre Anwendung.* Stuttgart: Kohlhammer.

Kuhl, J., Scheffer, D. & Eichstaedt, J. (2003). Der Operante Motiv-Test (OMT): Ein neuer Ansatz zur Messung impliziter Motive. In F. Rheinberg & J. Stiensmeier-Pelster (Hrsg.), *Diagnostik von Motivation und Selbstkonzept* (S. 129–149). Göttingen: Hogrefe.

Lawrence, P. R. & Nohria, N. (2002). *Driven: How human nature shapes our choices.* San Francisco: Wiley.

Locke, E. A. & Latham, G. P. (1990). *A theory of goal setting and task performance.* Englewood Cliffs, NJ: Prentice-Hall.

Markus, H. M. & Kitayama, S. (1991). Culture and the self: Implications for cognition, emotion and motivation. *Psychological Review, 98,* 224–253.

Martens, J. U. & Kuhl, J. (2004). *Die Kunst der Selbstmotivierung.* Stuttgart: Kohlhammer.

McAdams, D. P. & Vaillant, G. E. (1982). Intimacy motivation and psychosocial adjustment: A longitudinal study. *Journal of Personality Assessment, 46,* 586–593.

McClelland, D. C. (1975). *Power: The inner experience.* New York: Irvington.

McClelland, D. C. (1985). *Human motivation.* Glenview, IL: Scott, Foresman & Co.

McClelland, D. C. & Boyatzis, R. E. (1982). The leadership motive pattern and long term success in management. *Journal of Applied Psychology, 67,* 737–743.

McClelland, D. C. & Burnham, D. H. (2003). Macht. *Harvard Business Manager, April,* 84–95.

McClelland, D. C., Koestner, R. & Weinberger, J. (1989): How do self-attributed and implicit motives differ? *Psychological Review, 96,* 690–702.

McCrae, R. R., Costa, P. T., Hrebickova, M., Ostendorf, F., Angleitner, A., Avia, M. D., Sanz, J., Sanchez-Bernardos, M. L., Kusdil, M. E., Woodfield, R., Saunders, P. R. & Smith, P. B. (2000). Nature over nurture: Temperament, personality and life span development. *Journal of Personality and Social Psychology, 78,* 173–186.

McGregor, D. (1960). *The human side of enterprise.* New York: McGraw-Hill.

Meyer, G. J., Finn, S. E., Eyde, L. D., Kay, G. G., Moreland, K. L., Dies, R. R., Eisman, E. J., Kubiszyn, T. W. & Reed, G. M. (2001). Psychological testing and psychological assessment: A review of evidence and issues. *American Psychologist, 56,* 128–165.

Murray, H. A. (1938). *Exploration in personality.* New York: Oxford University Press.

Murray, H. A. (1991), *Thematic Apperception Test* (TAT, 3rd ed.). Bogner Regis (GB): Wiley & Sons.

Neuman, G. A. & Kickul, J. R. (1998). Organizational citizenship behaviors: Achievement orientation and personality. *Journal of Business and Psychology, 13,* 263–279.

Nisbett, R. E. & Wilson, T. D. (1977). Telling more than we can know: Verbal reports on mental processes. *Psychological Review, 84,* 231–259.

O'Reilly, C. A., III, Chatmann, J. & Caldwell, D. F. (1991). People and organizational culture: A profile comparison approach to assessing person-organization fit. *Academy of Management Journal,* Heft 34, 487–516.

Organ, D. W. (1997). Organizational citizenship behavior: It's construct clean-up time. *Human performance, 10,* 85–97.

Petty, M. M., McGee, G. W. & Carender, J. W. (1984). A meta-analysis of the relationship between individual job-satisfaction and individual performance. *Academy of Management Review, 9* (4), 712–721.

Pinchot, G. (1985). *Intrapreneurship.* New York: Harper & Row.

Polanyi, M. (1969). Tacit knowing. In M. Grene (Ed.), *Knowing and being.* Chicago: University of Chicago Press.

Rheinberg, F. (2004). *Motivationsdiagnostik. Kompendien Psychologische Diagnostik.* Göttingen: Hogrefe.

Rodgers, R. & Hunter, J. E. (1991). Impact of Management by objectives on organizational productivity. *Journal of Applied Psychology, 76,* 322–336.

Rodgers, R., Hunter, J. E. & Rogers, D. I. (1993). Influence of top management commitment on management program success. *Journal of Applied Psychology, 78,* 151–155.

Rosenstiel, L. v. (2001a). Die Bedeutung von Arbeit. In H. Schuler (Hrsg.), *Lehrbuch der Personalpsychologie* (S. 317–348). Göttingen: Hogrefe.

Rosenstiel, L. v. (2001b). Führung. In H. Schuler (Hrsg.), *Lehrbuch der Personalpsychologie* (S. 317–348). Göttingen: Hogrefe.

Rosenstiel, L. v. & Comelli, G. (2003). *Führung zwischen Stabilität und Wandel.* München: Vahlen.

Sarges, W. (2000). *Management-Diagnostik* (3. Auflage). Göttingen: Hogrefe.

Sarges, W. (2000). Diagnose von Managementpotential für eine sich immer schneller und unvorhersehbarer ändernde Wirtschaftswelt. In L. v. Rosenstiel & T. Lang-von Wins (Hrsg.), *Perspektiven der Potentialbeurteilung* (S. 107–128). Göttingen: Hogrefe.

Sarges, W. (2003). *Psychologische Diagnostik im Managementbereich: Vom Nutzen der Wissenschaft für die Praxis – und vice versa.* Helmut-Schmidt-Univeristät Hamburg: Unveröffentlichtes Manuskript.

Sarges, W. & Wottawa, H. (2004). *Handbuch wirtschaftspsychologischer Testverfahren* (2. überarbeitete und erweiterte Auflage.). Lengerich: Pabst.

Sauer, W., Scherer, S., Scherm, M., Kaufel, S. & Pfeifer, M. (2004). Führungsbegleitung in militärischen Organisationen: Konzept und erste Effekte in der Praxis. *Personalführung, 11,* 44–51.

Schacter, D. L. (1987). Implicit memory: History and current status. *Journal of Experimental Psychology: Learning, Memory, and Cognition, 13,* 501–518.

Scheffer, D. (2003). Job Characteristics. In R. Fernandez-Ballesteros (Ed.), *Encyclopedia of Psychological Assessment* (pp. 515–522). London: Sage.

Scheffer, D. (2004). OMT – Operanter Motiv-Test. In W. Sarges & H. Wottawa (Hrsg.), *Handbuch wirtschaftspsychologischer Testverfahren* (S. 591–596). Lengerich: Pabst.

Scheffer, D. (2005). *Implizite Motive.* Göttingen: Hogrefe.

Scheffer, D. & Heckhausen, J. (2005). Eigenschaftstheorien der Motivation. In J. Heckhausen & H. Heckhausen (Hrsg.), *Motivation und Handeln.* Berlin: Springer.

Scheffer, D., Kuhl, J. & Eichstaedt, J. (2003). Der Operante Motiv-Test (OMT): Inhaltsklassen, Auswertung, psychometrische Kennwerte und Validierung. In F. Rheinberg & J. Stiensmeier-Pelster (Hrsg.), *Diagnostik von Motivation und Selbstkonzept* (S. 151–168). Göttingen: Hogrefe.

Scherm, M. (2004). 360°-Beurteilung. In H. Schuler (Hrsg.), *Beurteilung und Förderung beruflicher Leistung* (2., vollständig überarbeitete und erweiterte Auflage). Göttingen: Hogrefe.

Scherm, M. (2005). *360-Grad-Beurteilungen: Diagnose und Entwicklung von Führungskompetenzen.* Göttingen: Hogrefe.

Scherm, M. & Sarges, W. (2002). *360°-Feedback. Praxis der Personalpsychologie.* Göttingen: Hogrefe.

Schmidt, F. L. (1993). Personnel psychology at the cutting edge. In N. Schmitt & W. C. Borman (Eds.), *Personnel Selection in Organizations* (pp. 497–515). San Francisco: Jossey-Bass.

Schneider, B. (1987). The people make the place. *Personnel Psychology, 40,* 437–453.

Schneider, B., Goldstein, H. W. & Smith, D. B. (1995). The ASA framework: An update. *Personnel Psychology, 48,* 747–773.

Schneider, B., Smith, D. B., Taylor, S. & Fleenor, J. (1998). Personality and organizations: A test of the homogeneity of personality hypothesis. *Journal of Applied Psychology, 83,* 462–470.

Schuler, H. (2001). Arbeits- und Anforderungsanalyse. In H. Schuler (Hrsg.), *Lehrbuch der Personalpsychologie* (S. 43–62). Göttingen: Hogrefe.

Schuler, H. (2004). *Beurteilung und Förderung beruflicher Leistung* (2., vollständig überarbeitete und erweiterte Auflage). Göttingen: Hogrefe.

Sheldon, K. M. & Elliot, A. J. (1999). Goal striving, need-satisfaction, and longitudinal well-being: The self-concordance model. *Journal of Personality and Social Psychology, 76,* 482–497.

Sheldon, K. M. & Kasser, T. (1995). Coherence and congruence: Two aspects of personality integration. *Journal of Personality and Social Psychology, 68,* 531–543.

Shipley, T. E. & Veroff, J. (1952). A projective measure of need for affiliation. *Journal of Experimental Psychology, 43,* 349–356.

Smith, P. C. & Kendall, L. M. (1963). Retranslation of expectations: An approach to the construction of unambiguous anchors for rating scales. *Journal of Applied Psychology, 47,* 149–155.

Spangler, W. D. (1992). Validity of questionnaire and TAT measures of need for achievement: Two meta-analyses. *Psychological Bulletin, 112,* 140–154.

Sprenger, R. K. (1999). *Mythos Motivation* (16. Aufl.). Frankfurt: Campus.

Triandis, H. C. (1994). *Culture and social behavior.* New York: McGraw-Hill.

Triandis, H. C. (1997). Cross-cultural perspectives on personality. In R. Hogan, J. Johnson & S. Briggs (Eds.), *Handbook of personality psychology* (pp. 440–464). San Diego: Academic Press.

Tuerlinckx, F., De Boeck, P. & Lens, W. (2002). Measuring needs with the Thematic Apperception Test: A psychometric study. *Journal of Personality and Social Psychology, 82,* 448–461.

Utman, C. H. (1997). Performance effects of motivational state: A meta-analysis. *Personality and Social Psychology Review, 1,* 170–182.

Van Eerde, W. & Thierry, H. (1996). Vroom's expectancy models and work-related criteria: A meta-analysis. *Journal of Applied Psychology, 81,* 575–586.

Van der Vegt, G., Emans, B. & Van De Vliert, E. (1998). Motivating effects of task and outcome interdependence in work teams. *Group & Organization Management, 23* (2), 124–143.

Viswesvaran, C., Schmidt, F. L. & Ones, D. S. (2002). The moderating influence of job performance dimensions on convergence of supervisory and peer ratings of job performance: Unconfounding construct-level convergence and rating difficulty. *Journal of Applied Psychology, 87,* 345–354.

Vroom, V. H. (1964, 1995). *Work and motivation* (2nd ed.). New York: Wiley.

Weinert, A. B. (1981). Methodische Beiträge zum Prozess der Personalbewertung in Krankenhaus-Organisationen. *Zeitschrift für Krankenpflege, 20,* 197–203.

Weinert, A. B. (2004). *Organisationspsychologie. Ein Lehrbuch.* (5., vollständig überarbeitete Auflage). Weinheim: Beltz. Psychologie Verlags Union.

Weinert, A. B. & Scheffer, D. (2004). Arbeitsmotivation und Motivationstheorien. In E. Gaugler, W. A. Oechsler & W. Weber (Hrsg.), *Handwörterbuch des Personalwesens* (3. Aufl., S. 326–339). Stuttgart: Poeschel.

White, R. W. (1959). Motivation reconsidered: The concept of competence. *Psychological Review, 66,* 297–333.

Winter, D. G. (1996). *Personality: Analysis and interpretation of lives.* New York: McGraw-Hill.

Winter, D. G., Stewart, A., John, O. P., Klohnen, E. C. & Duncan, L. E. (1998). Traits and motives: Toward an integration of two traditions in personality research. *Psychological Review, 105,* 230–250.

Wright, B. M. & Cordery, J. L. (1999). Production uncertainty as contextual moderator of employee reactions to job design. *Journal of Applied Psychology, 84,* 456–463.

Wunderer, R. & Küpers, W. (2003). *Demotivation → Remotivation.* München: Luchterhand.

Stichwortverzeichnis

Autorenverzeichnis

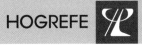

Praxis der Personalpsychologie

hrsg. von Heinz Schuler, Rüdiger Hossiep, Martin Kleinmann und Werner Sarges

Fred G. Becker / Michael H. Kramarsch

Leistungs- und erfolgsorientierte Vergütung für Führungskräfte

Band 11: 2006, VI/89 Seiten,
€ 19,95 / sFr. 34,90 (Im Reihenabonnement € 15,95 / sFr. 28,50)
ISBN 3-8017-1928-6

Der Band thematisiert auf Basis theoretischer und empirischer Ergebnisse eine systematische Gestaltung von variablen Vergütungssystemen. Differenziert wird dabei zum einen in leistungs- und erfolgsorientierte Varianten sowie zum anderen in kurz- und langfristig orientierte Systeme. Die theorie- und praxisverbindende Diskussion zeichnet sich durch Systematik, klare Sprache, anwendungsorientierte Darstellung und illustrierende Fallbeispiele aus und ist gerade für Systemgestalter, aber auch für betroffene Führungskräfte von großem Wert.

Uwe Peter Kanning

Soziale Kompetenzen

Entstehung, Diagnose und Förderung

Band 10: 2005, VI/96 Seiten,
€ 19,95 / sFr. 34,90 (Im Reihenabonnement € 15,95 / sFr. 28,50)
ISBN 3-8017-1775-5

Neben fachlichen Kompetenzen sind soziale Kompetenzen zu einer Schlüsselvariablen der Personalauswahl und -platzierung geworden. Der Band beschäftigt sich mit der Entstehung sozial kompetenten Verhaltens und diskutiert die Ursachen für sozial inkompetentes Verhalten. Er stellt unterschiedliche Methoden zur Diagnose sowie zur Förderung sozialer Kompetenzen dar.

Rüdiger Hossiep / Oliver Mühlhaus

Personalauswahl und -entwicklung mit Persönlichkeitstests

Band 9: 2005, VI/127 Seiten,
€ 19,95 / sFr. 34,90 (Im Reihenabonnement € 15,95 / sFr. 28,50)
ISBN 3-8017-1490-X

Dieser Band führt in die vielfältigen Möglichkeiten der Nutzung persönlichkeitsorientierter Fragebogenverfahren im Personalmanagement ein. Insbesondere der interessierte Personalpraktiker erhält umsetzbare Entscheidungshilfen und Unterstützung für den konkreten Einsatz von Persönlichkeitstests.

Weitere Bände der Reihe:

Band 1 Scherm/Sarges: 360°-Feedback ISBN 3-8017-1483-7 · **Band 2** Rauen: Coaching ISBN 3-8017-1478-0 · **Band 3** Kleinmann: Assessment-Center ISBN 3-8017-1493-4 · **Band 4** Nerdinger: Kundenorientierung ISBN 3-8017-1476-4 · **Band 5** van Dick: Commitment und Identifikation mit Organisationen ISBN 3-8017-1713-5 · **Band 6** Kühlmann: Auslandseinsatz von Mitarbeitern ISBN 3-8017-1495-0 · **Band 7** Rummel/Rainer/Fuchs: Alkohol im Unternehmen ISBN 3-8017-1885-9 **Band 8** van Dick/West: Teamwork, Teamdiagnose, Teamentwicklung ISBN 3-8017-1865-4

HOGREFE Hogrefe Verlag GmbH & Co. KG
Rohnsweg 25 · 37085 Göttingen · Tel: (0551) 49609-0 · Fax: -88
E-Mail: verlag@hogrefe.de · Internet: www.hogrefe.de